AF455073

LES ANCIENS CHIRURGIENS ET BARBIERS DE MARSEILLE

PAR

Le Docteur ALEZAIS

PARIS
ANCIENNE LIBRAIRIE GERMER BAILLÈRE ET Cie
FÉLIX ALCAN, ÉDITEUR
108, BOULEVARD SAINT-GERMAIN, 108

1901

LES ANCIENS
CHIRURGIENS ET BARBIERS
DE MARSEILLE

PAR

Le Docteur **ALEZAIS**

PARIS
ANCIENNE LIBRAIRIE GERMER BAILLÈRE ET Cie
FÉLIX ALCAN, ÉDITEUR
108, BOULEVARD SAINT-GERMAIN, 108

1901

Les Anciens Chirurgiens et Barbiers de Marseille

par H. ALEZAIS

Les documents que je publie sur les anciens Chirurgiens et Barbiers de notre ville ne sauraient avoir la prétention de constituer leur histoire. Ils peuvent cependant lui apporter une contribution qui n'est pas sans valeur. Plusieurs de ces pièces sont encore inédites, d'autres sont peu connues. Elles permettront, après avoir entrevu la Confrérie des ...rs-chirurgiens, de saisir l'organisation des deux Com...utés ...imilaires des Chirurgiens et des Barbiers-perru...s quand leur séparation fut faite, d'étudier la réception ...aitrise et même pour les Barbiers de suivre quelque ...eur vie corporative.

...st au XIIIe siècle que les Barbiers-chirurgiens de Paris, ...rd artisans isolés, se réunirent en corporation puis formè...une *confrérie* qu'ils placèrent sous le patronage de saint ...e et de saint Damien, médecins célèbres (1) qui furent ...yrisés sous Dioclétien, vers la fin du IIIe siècle. Les *Ordonnances et Statuts* que leur donna Jehan Pitard sont de 1268. Nicaise (2) en a publié la rédaction qui fut adoptée en 1379 : c'est la plus ancienne qui soit venue jusqu'à nous.

Nous ignorons jusqu'ici à quelle époque les Barbiers-chirurgiens de notre ville imitèrent ceux de la capitale, mais il parait

(1) « *Sacris litteris eruditi, artis medicinae clarissimi* ». A. Chéreau. Médecins béatifiés, *Gazette hebdomadaire*, 1872, p. 673.

(2) Premiers statuts des chirurgiens de Paris collationnés et publiés par le Docteur E. Nicaise, ancien président de la Société de Chirurgie de Paris, 1893. Félix Alcan, une brochure, 16 pages.

probable qu'ils ne suivirent que tardivement leur exemple. Leur confrérie est encore peu connue, malgré les travaux de Barthélemy, Villeneuve, F. Arnaud. A. Fabre (1) dans ses intéressants ouvrages sur Marseille et ses hôpitaux a ébauché l'histoire des Chirurgiens, grâce aux faits anecdotiques qu'il a glanés dans les Registres des Délibérations du Conseil Municipal et les Archives hospitalières. Il est, au contraire, assez peu documenté sur l'institution elle-même, sur la vie intime et les règlements de la corporation et c'est à combler cette lacune que peuvent tendre mes recherches quelqu'incomplètes qu'elles soient. Elles suivent l'évolution qui du XVe au XVIIIe siècle, grâce aux progrès de l'art, a lentement dégagé la chirurgie des pratiques inférieures de la *barberie* avec lesquelles elle était primitivement confondue. La confrérie des *barbitonsores* ou Luminaire de Saint-Cosme devient plus tard la Communauté des Chirurgiens, à côté de la Communauté des Barbiers-Perruquiers, puis le corps ou Collège de Chirurgie. Les règlements, plus complets et plus précis, étendent graduellement leur action sur les branches de la chirurgie, qui malgré leur infériorité, deviennent peu à peu des spécialités; ils donnent en même temps un tour plus scientifique aux examens de la *grande expérience* qui conduit à la maîtrise. Le Compagnonnage, qui confiait à un maître le soin et l'éducation professionnelle de chaque étudiant, finit par faire place aux cours théoriques et pratiques tels que nous les concevons aujourd'hui. Enfin la confrérie née d'un groupement local créé par la nécessité, après être longtemps restée isolée, livrée à ses seules ressources et à ses seules lumières, est placée vers la fin du XVIIe siècle, comme les autres communautés provinciales de chirurgie, sous la direction du premier Chirurgien du Roi, au plus grand profit du développement et de l'émulation scientifique. De son côté, la Communauté

(1) *Histoire des Hôpitaux et des Institutions de bienfaisance de Marseille*, passim, surtout t. I, p. 218 et suiv. Jules Barile, 1854. *Les Rues de Marseille*, t. II, p. 183 et suiv. Camoin, rue Cannebière, 1, 1867.

des Barbiers-perruquiers, quoique devenue complètement distincte de la Communauté des Chirurgiens, n'a pas perdu tout point de contact avec elle. L'une et l'autre furent, sans doute en raison de leur commune origine, placées sous la haute direction du premier Chirurgien du Roi et dans les statuts des Perruquiers on retrouve les grands traits de la discipline qui régit les Chirurgiens. Tels sont les faits principaux qui caractérisent cette lente évolution dont la durée prend quatre siècles.

Après avoir brièvement parlé de la période qui précéda l'établissement du Luminaire de Saint-Cosme, nous exposerons l'état actuel de nos connaissances, encore bien sommaires, sur les Chirurgiens, puis sur les Barbiers.

Période antérieure au XVe Siècle

Il faut remonter aux Statuts municipaux pour trouver dans notre ville une réglementation de l'art de guérir. Ces statuts furent coordonnés sous Charles d'Anjou : Méry et Guindon croient pouvoir leur assigner la date de 1255. Le manuscrit vénérable qui les contenait, connu sous le nom de *Livre Rouge*, à cause de la couleur de sa reliure, embrassait « tous les détails dont se compose l'existence d'une cité, de sorte que les mœurs, la justice, le bon ordre, la propreté des rues, la sécurité des citoyens, trouvaient dans des articles soigneusement élaborés les plus minutieuses garanties (1). » Le chapitre XXXV du Livre second s'adresse indistinctement aux médecins non opérateurs les physiciens et aux médecins faisant œuvre de leurs mains les chirurgiens (2).

On peut sans doute, avec Méry et Guindon, voir dans les Statuts de Marseille, le témoignage de l'énergie administra-

(1) *Histoire analytique et chronologique des Actes et des Délibérations du Corps et du Conseil de la Municipalité de Marseille depuis le Xe siècle jusqu'à nos jours*, par L. Méry et F. Guindon, t. 2, p. 51, Marseille, 1843

(2) D'après Guy de Chauliac, leur séparation date du Xe siècle.

tive de cette ville qui venait de triompher de ses Vicomtes, la manifestation de son esprit municipal qui s'était fortifié dans ses essais de régime républicain, au milieu des rivalités voisines. Il n'en reste pas moins vrai que le décret dont nous parlons est l'intervention du pouvoir central qui réglemente, sans sa participation, une profession libérale. Ne convient-il pas à ce titre de le considérer comme un reste du régime autocratique? Quel contraste avec les agissements ultérieurs, avec la vie pleinement épanouie du régime communal! Ce sont alors les individus qui, livrés à eux-mêmes, éprouvent le besoin de se rapprocher, de chercher par leur union à défendre leur profession contre les empiètements des intrus et l'incapacité des ignorants. Ils viennent de leur propre mouvement demander au pouvoir la sanction des règlements qu'ils croient nécessaires au bon fonctionnement et au recrutement régulier de leur corporation. Ils sollicitent comme garantie de ces règlements l'appui de son autorité pour en assurer l'exécution. C'est l'initiative privée qui crée la confrérie ou communauté et se substitue à l'ordre officiel venu d'en haut.

Voici dans sa teneur cette pièce très intéressante (1).

CAPUT XXXV

DE MEDICIS, PHISICIS ET CHIRURGIS

« Decernimus ut omnes phisici et chirurgi teneantur speciali sacramento omnes infirmos quos in cura sua habebunt bona fide et sine fraude curare et conciliari et circa eos bene et fideliter suum officium exercere et quod medicinas et cyrupos aliaque infirmis necessaria diligenter et bona fide prout melius et fidelius poterunt eis comparabunt et comparari facient scienter et quod non facient scienter infirmos comparare aliquid nisi id quod eis videbitur expedire infirmis et necessarium fore et quod nullam societatem habeant

(1) Méry et Guindon, t. III, p. CXXIX.

cum apothecariis et quod confectiones et cyrupos quas et quos conficient legaliter et sine fraude conficient vel confici facient et curia teneatur eos medicos omnes facere jurare predicta omnia bona fide se facturos et adimpleturos sine fraude et dolo et si per curiam nollent hoc facere non permittantur deinceps in Massilia practicari, cuilibet enim viro provido et discreto convenit ut officium suum et scientiam sine omni suspicione exerceat.

« Statuentes similiter quod duo vel tres probi viri de melioribus medicis Massilie et qui periciores sint in arte physicali debeant eligi et eligantur annuatim a rectore vel consulibus Massilie infra duos menses inicii sui regiminis quod jurati debeant inquirere et inquirant ac scrutentur diligenter omnes alios medicos Massilie practicantes quicumque sint et illos quos inter eos invenerint non esse ydoneos vel sufficientes scientia physice sive non esse tolerandos ad utilitatem communis seu hominum Massilie nominent et dicant eos in scriptis redigendo nomina eorum omnium atque tradant rectori vel consulibus supra dictis, quo facto rector vel consules predicti prohibeant sub sacramento predictis nominatis omnibus quod inde abstineant ab exercicio vel practica supradictis in civitate Massilie prorsus ab eis faciendis et si quis contra hec practicando non admissus primo et eciam comprobatus a predictis tribus vel duobus viris physicis venire presumpserit, puniatur inde in LX sol. Et nichilominus a tota civitate Massilie velut periurus expellatur.

« Qui ex quo semel probati sunt vel erunt ut dictum est deinceps in dicto officio tolerentur premissis nonobstantibus nisi delictum superveniens aut alia forte intolerabilia intervenirent propter que illi essent merito removendi inde.

« Decernentes insuper ut medici admissi et comprobati preeunte scrutinio ut supra dicitur teneantur speciali sacramento infirmos sive egrotantes quos sub cura sua susceperint bis saltem in die visitare. »

On peut traduire et résumer ainsi les prescriptions officiolles qui étaient faites aux médecins en même temps qu'aux chirurgiens. Obligation sous serment de soigner les malades de bonne foi et sans fraude, de leur procurer les médecines, sirops et autres remèdes nécessaires sans leur donner sciemment autre chose que ce qui paraît leur être utile et nécessaire : ne pas s'associer aux apothicaires.

Nomination annuelle par le recteur ou les consuls pendant les deux premiers mois de leur exercice, de deux ou trois des meilleurs médecins avec charge d'examiner leurs confrères et de veiller assidûment à ce qu'ils aient les connaissances voulues. Dans le cas d'insuffisance, interdiction sous serment de la pratique de leur art, et, dans le cas d'infraction, amende de XL sols, puis expulsion du territoire de la ville.

Obligation sous serment spécial pour les médecins admis et approuvés de visiter leurs malades au moins deux fois par jour.

Quelques-unes de ces prescriptions, la dernière entre autres, quoique inspirées par le souci du bien, témoignaient d'une certaine inexpérience et ne pouvaient que tomber dans l'oubli, mais il faut bien le reconnaître, il en est d'autres dont l'actualité n'a malheureusement pas vieilli, ne serait-ce que l'interdiction de toute société avec les apothicaires.

CHAPITRE PREMIER

LES CHIRURGIENS

I. — La Confrérie ou Luminaire de Saint-Cosme

XVe-XVIe Siècles

La vieille confrérie de Saint-Cosme à Paris a ses gloires que ne répudie pas la science française. Plusieurs de ses membres, Ambroise Paré, Franco, dont les noms sont connus de tous, ont été les pères de la chirurgie moderne. Les confréries de province ne sont pas représentées par des hommes aussi illustres. Mais, comme le disaient, au siècle dernier, les prévôts de la communauté de Marseille, qui, tous les premiers avouaient cette infériorité, on y trouvait des hommes honorables qui s'efforçaient de remplir leur profession en s'inspirant des grands travaux de ces maîtres.

La pièce la plus ancienne que nous possédons aujourd'hui sur la Confrérie ou Luminaire de Saint-Cosme et Saint-Damien dans notre ville, a été découverte par notre regretté confrère le docteur Barthélemy, dont la science et les travaux sont bien connus. Elle se trouve dans l'Extensoir Paul Vinatier, qui appartient à l'étude de Me Estrangin. M. Barthélemy, quelques années avant sa mort, voulut bien me communiquer ce document qui n'a jamais été publié. Il date du 19 décembre 1443 et a pour titre : « Elevatio Confratrie Beatorum Cosme et Damiani cum diversis statutis et ordinationibus inter omnes barberios hujus Massiliæ civitatis factis et ordinatis. »

« Etablissement de la Confrérie des Saints Cosme et Damien avec divers statuts et ordonnances faits entre tous les barbiers de la ville de Marseille. »

Ne semble-t-il pas, d'après ce titre, qu'il est question d'une institution nouvelle, d'une instauration de la confrérie naissante dont les statuts et règlements sont présentés à Guillaume Amalric, official de l'Evêché, en l'absence de l'Evêque, qui était alors *Bartélemi de Racoli* (1) (1436-1445). Je ne possède malheureusement qu'une partie du règlement. Les barbiers exposent d'abord de longs considérants pour s'exhorter à conserver entre eux la paix et l'union qui, paraît-il, dès cette époque reculée avaient besoin de leur être recommandées.

Ils ajoutent : « Et primo statuerunt supra et infra nominati barbitonsores, quod ipsi et eorum singuli et alii barbitonsores qui in futurum erunt utentes officio barberii teneantur et sint astricti observare et ab operibus dicti officii cessare ob reverentiam Dei et sanctorum in festis infra sequentibus excepta necessitate cure ».

« Les barbiers soussignés ont établi en premier lieu qu'eux et leurs successeurs seraient tenus de s'abstenir pour l'honneur de Dieu et des saints, sauf le cas de nécessité, des œuvres de leur profession les jours de fêtes suivants. »

Ces jours fériés étaient au nombre de 47 :

Pâques et les deux jours suivants ;
Noël » »
Pentecôte » »
Ascension ;
Fête-Dieu ;
Cinq fêtes de la Vierge ;
Fêtes des Apôtres ;
» Evangélistes ;

(1) Méry et Guindon, *loc. cit.*, t. V, p. 158.

Fêtes de Sainte Catherine ;
» Saint Lazare ;
» Saint Victor ;
» Saint Antoine ;
» Sainte Marie-Magdeleine ;
» Saint Michel ;
» Saint Jean-Baptiste ;
» Toussaint
» Saint Cosme et saint Damien ;
» Saint Louis ;
» Saint Martin ;
» Sainte-Croix ;
» Saint Sauveur ;
» Saint Laurent.

Le règlement était suivi de sa sanction pénale : « Et sub pœna centum solidorum regalium pro quolibet et vice quolibet, cui pene sponte se submitterint aplicando pro parte media curie domini massiliensis episcopi et pro alia confratrie ».

« Sous peine de cent sous royaux pour chacun et chaque fois, applicables moitié à l'évêché, moitié à la confrérie. »

Je ne possède pas le reste du texte, et j'ignore si les autres articles que laisse supposer le début de celui-ci : « Et primo statuerunt.... » étaient nombreux. J'ai tout lieu de croire le contraire, car il était si sommaire et si imparfait que deux cents ans plus tard, les maîtres de chef-d'œuvre pouvaient dire avec raison, en se plaignant de *l'incuriosité* de leurs devanciers, que leur profession si honorable n'était régie par aucun règlement. M. Barthélemy, qui avait pu copier le texte original, insistait beaucoup sur une particularité qui l'avait frappé, l'absence, exceptionnelle pour l'époque, de statuts concernant les dispositions charitables.

L'article que j'ai cité est suivi, comme si tout le règlement était là, par le nom des confrères qui s'engagent à l'exécuter.

« Nomina et cognomina dictorum confratrum. Primo magister Guillelmus Fabri — item Johannes de Saint-Marsale, priores moderni dicte confratriæ : Item Johannes Gojoni, Guillelmus Rolandi, Franciscus de Ponte, Thibaudus Chinilhi, Veranus Brulhardi : Petrus Bertrandi, Guillelmus Callenas : Perrinetus Loneti, Johannes de Salmis, Johannes de Saint-Marciale, Antonius de Ponte et Johannes Vollatoni, barberii, tam cives quam habitatores Massiliæ, confratres dictæ confratriæ ».

Les Chirurgiens de Marseille n'avaient pas attendu l'adoption officielle de ce règlement pour se placer sous le patronage de saint Cosme et de saint Damien. Il suffit, pour s'en convaincre, de lire cette convention trouvée par le docteur Barthélemy dans le Registre protocole de *Marquesii Raynaud* (1) et passée entre deux barbiers chirurgiens, maître Jehan Boncompans de Pélissanne, et maître Jean Despine de Marseille. A la date du 16 juin 1440, le premier s'engage, je ne sais pour quel motif, à ne pas toucher certaine somme de 13 blancs au profit de son collègue.

« Item etiam, fuit de pacto inter dictas partes solemni et valida stipulatione vallato quod prędictus magister Johannes Despina teneatur et debeat habere seu recipere ab infirmis scilicet illos XIII albos dari et solvi solitos, ob reverentiam Dei et *honorem beatorum Cosme et Damiani*, et hos predictus Johannes Boncompans prout est dari et solvi consuetum per infirmos ».

Les chirurgiens-barbiers invoquaient donc saint Cosme et saint Damien avant 1443, mais étaient-ils déjà réunis en confrérie sous leur vocable ?

En 1319, leur confrérie n'existait sûrement pas. Nous trouvons dans les archives de la Ville (2) l'ordre dans lequel étaient rangées les 26 corporations alors existantes, il n'est pas question des barbiers-chirurgiens. Dans le document de 1443, on peut se demander s'il faut attacher plus d'impor-

(1) Etude de Me Decormis.

(2) Registre des délibérations du Conseil municipal de Marseille, 1318-19, feuillets non chiffrés, aux Archives de la Ville, cité par A. Fabre. *Les Rues de Marseille*, T. II, p. 116.

tance à son titre qui semble indiquer la formation nouvelle de la Société ou bien à la composition du bureau qui semble antérieure à la rédaction du règlement. On pourrait peut-être faire observer aussi qu'il n'est question que de prieurs modernes et qu'il y aurait eu sans doute à côté d'eux des prieurs anciens si la confrérie n'avait pas été à ses premiers jours d'existence, à moins que le petit nombre des membres, qui n'était encore que de 14, suffise à expliquer la présence de deux prieurs seulement. Quoi qu'il en soit, nous avons des preuves multiples de l'existence de la confrérie dans les années qui suivent, et nous n'en avons pas dans celles qui précèdent. C'est ainsi que M. Barthélemy a eu la bonne fortune de trouver un certain nombre de testaments par lesquels des barbiers font des legs à leur luminaire. Ils sont tous postérieurs au règlement, et, fait intéressant qui garantit l'authenticité des sources où sont puisés ces divers documents, parmi ces généreux donateurs, plusieurs ont déjà figuré parmi les signataires du règlement.

Jean de Bosc, barbier, lègue, le 14 juillet 1451, 6 gros à la société Saint-Cosme et Saint-Damien (1).

Pierre Lonet, en date du 23 septembre 1452, est encore plus généreux (2), il donne 3 florins et une nappe d'autel.

« Item, legavit amore Dei, et luminaria confratriæ sanctorum Cosmæ et Damiani martyrum, que fit in eadem civitate per barberios, florenos tres et unam mapam pro divino servitio altari dictorum sanctorum martirum ; ita tamen quod propterea ipsa luminaria teneatur suum funus associare ad tumulum, vel alios associare heredes suos die que contingeret prevenire ad ejus noticiam mortem ipsius testatoris. »

Dans son testament du 22 octobre 1456, M. Girardin de Vaer *sirurgicus et barberius*, lègue à la confrérie 3 gros et nomme pour héritier François de Ponte, chirurgien-barbier de

(1) Protocole de Jacques Durand (étude Decormis).
(2) Protocole de Pierre Serraillier (étude Decormis).

Marseille, en présence de Jean Guyon et François Lambert, barbiers (1).

Il est intéressant de retenir la distinction très nette qui est établie dès cette époque entre les Barbiers et les Chirurgiens. Il semble bien que tous appartiennent encore à la même confrérie et nous avons vu côte à côte, dans la liste de leurs jours fériés, les patrons des Chirurgiens, saint Cosme et saint Damien, et saint Louis, qui est le patron des Barbiers. On trouve néanmoins, dès le XVe siècle, des preuves que les deux titres et les deux fonctions n'étaient plus synonymes. Peut-être quelques-uns, comme Girardin de Vaer, François de Ponte, cumulaient-ils les deux titres, *sirurgicus et barberius*, mais d'autres n'étaient que barbiers ou chirurgiens. Ainsi, tandis qu'au XIVe siècle on ne voit cités, dans les comptes de l'économe de l'Hôtel-Dieu, que des barbiers, au XVe siècle on voit côte à côte un barbier et un chirurgien.

En 1340-1341, Pierre le barbier (2) a touché 1 livre, Guillaume le barbier (3) en a touché 2 ; au contraire on trouve qu'en 1414-1415, maître Durand (4), chirurgien juif, a perçu 64 sous pour les honoraires de son service à l'Hôtel-Dieu, tandis que maître Lambert, barbier, touchait 2 livres 8 sous.

Pas plus dans les documents qui concernent les barbiers que dans ceux qui touchent les Chirurgiens, je n'ai trouvé d'indications précises, sur l'époque probable où leur séparation fut effectuée, où les uns et les autres cessant d'être groupés sous la même bannière, se constituèrent en confréries distinctes. Les sources où j'ai puisé l'histoire des Barbiers ne remontent qu'à la fin du XVIIe siècle, mais dans le *Nouveau Mémorial des Titres du Couvent des PP. Prêcheurs* (5), qui date des premières années du XVIe siècle, on trouve une courte mention concernant les Chirurgiens qui démontre

(1) Protocole de L. Serraillier (Arch. de la Préfecture).
(2) Archives hospit., p. 14, E, 8 (registre in-quarto), papier, 32 f.
(3) Archives hospit., p. 16, E, 27 (registre oblong), papier, 93 f.
(4) Archives hospit., p. 18, E, 40 (registre in-quarto), papier, 22 f.
(5) *Nouveau Mémorial des titres du couvent des Prêcheurs*, 1746, n° 2, p. 99. Archives de la Préfecture.

clairement qu'à cette époque on ne les confondait plus avec les barbiers. Le titre de confrères, qu'ils leur donnaient autrefois, eût sans doute alors fort mal sonné à leurs oreilles.

« En 1525, *MM. les Chirurgiens* établirent leur confrérie dans notre église et le couvent leur accorda la chapelle Saint-Cosme et Saint-Damien pour i faire le service divin, ils donnèrent 3 livres de pension ».

Quelque bref que soit ce document, il est très net, par la manière dont il parle des Chirurgiens, sur la considération dont ils étaient entourés et sur leur scission complète avec les Barbiers. Il nous apprend aussi où se tenaient leurs réunions de piété. Mais s'il s'agit, comme on peut le croire, d'une première installation du Luminaire de saint Cosme chez les PP. Prêcheurs, où s'assemblait-il auparavant ? Peut-être à Saint-Laurent, du moins à une certaine époque antérieure au XVIe siècle. Je n'ai aucune preuve directe du fait, mais deux présomptions me semblent plaider en sa faveur. La première est tirée de l'existence dans l'église Saint-Laurent d'une chapelle dédiée aux saints patrons des Chirurgiens. Par un acte du 31 mars 1499 passé par devant Laurent Hugon, notaire, François de Beaumont, prieur, curé de Saint-Laurent, céda à nouveau bail à des Pénitents Blancs pour y établir une confrérie, deux chapelles de son église réunies en une seule, l'une dédiée à sainte Catherine et l'autre aux saints Cosme et Damien (1). Ils prirent sainte Catherine pour patronne et se fondèrent sous le titre de Frères Pénitents Blancs disciplinés de sainte Catherine.

Si les Chirurgiens ont jamais fréquenté Saint-Laurent, comme je le suppose, ils l'avaient donc abandonné avant la fin du XVe siècle et pendant quelque temps se réunirent dans une autre église puisque nous ne voyons commencer qu'en 1525 leurs relations avec les PP. Dominicains (2).

(1) Reymonel, *Histoire de Saint-Laurent* (documents). Archives de la Ville et de la Préfecture.

(2) C'est aussi chez les Jacobins (Dominicains) que les Chirurgiens-Barbiers de Toulouse avaient leur chapelle (Pilleau). *Les Maistres Chirurgiens et Barbiers de Tholose en 1544*, p. 11, 1899) : de même à Arras, où leur Confrérie était sous le vocable de Saint-Dominique. (Guesnon. Congrès Soc. Sav. 1899).

Une autre constatation milite en faveur de l'hypothèse précédente. Les Chirurgiens du XVe siècle avaient mis au nombre de leurs jours fériés, comme nous l'avons vu, la fête de saint Laurent. Quelle raison auraient-ils eu de s'abstenir de barberie ce jour-là, s'ils n'avaient voulu honorer le patron de leur paroisse ? En effet, dans les règlements ultérieurs, au XVIIe et au XVIIIe siècle, quand le lieu des réunions fut changé, la fête de saint Laurent disparut de leur calendrier de dévotion. Mais, je le reconnais, il s'agit d'une simple hypothèse que nous n'avons jusqu'ici aucun moyen de contrôler.

Nous connaissons mieux l'église dans laquelle nous les trouvons au commencement du XVIe siècle. Une tourmente, le siège de Marseille par le connétable de Bourbon, venait d'emporter l'église de N.-D. de Pitié et le couvent que les Pères, envoyés dès 1224 par Bertrand de Garriga, un des premiers compagnons de saint Dominique et le premier provincial de Toulouse, avaient bâti vers la porte de Rome au lieu où était le grand jeu de mail (1). Grâce à l'influence puissante de François de Clermont, évêque de Tusculane, cardinal légat à *latere*, les Pères qui étaient provisoirement logés à l'hôpital des Pèlerins, sur la place de Notre-Dame de Lorette (2), obtinrent la permission de rebâtir leur couvent. Ce grand personnage leur fit donner des lettres pour Prégeant de Bidoux, chevalier de Saint-Jean de Jérusalem. Elles furent présentées au Lieutenant de viguier et à Gaspard Descalis, Carlin Blanc, Rainaud Roux, consuls de Marseille, qui donnèrent les autorisations voulues. Les Pères échangèrent avec Louis Arucci un jardin sur lequel s'éleva la nouvelle église, qui existe encore sous le nom de Saint-Cannat et ils achetèrent à quelques juifs plusieurs maisons voisines pour l'emplacement du couvent. Nous ne savons si les Chirurgiens, dès 1525, époque de leur accord avec les Dominicains, se

(1) *Nouveau Mémorial*, etc., p. 101.

(2) A. Fabre, *Histoire des Hôpitaux et des institutions de bienfaisance de Marseille*, t. II, p. 114. Marseille 1856.

réunirent provisoirement dans la chapelle de l'hôpital des Pèlerins, ou bien s'ils fréquentaient une autre église, en attendant la construction de celle qu'édifiaient les religieux. Ce qu'il y a de certain, c'est que celle-ci, dont la première pierre avait été posée en 1524 par Christophle de Lubiano, capitaine des deux galères du roy et maître d'hôtel de Anne de Montmorenci, connétable et grand maître de France, ne fut bénite et sans doute livrée au culte qu'en 1528 (1).

La cérémonie fut faite, avec le consentement de son Eminence Mgr Innocent Cibo, cardinal évêque de Marseille, par Mgr Guillaume de Boil, évêque de Girone. Elle fut placée sous le vocable de l'Annonciation de la très sainte Vierge, mais la consécration définitive n'eut lieu qu'en 1619 et fut faite par Mgr de Camelin, évêque de Fréjus.

L'église de l'Annonciation est spacieuse, elle contenait au XVIIIe siècle dix-huit chapelles : Saint-Dominique, N.-D. de Grâce, Sainte-Catherine de Sienne, Saint-Hiacinte, Sainte-Magdeleine, Saint-Christophle, Saint-Charles, Saint-Pierre martyr, Nostre-Dame de Pitié, Saint-Rozaire, du Purgatoire, Sainte-Anne, Saint-Vincent, Sainte-Rose, Saint-Cosme et Saint-Damien, Saint-Thomas d'Aquin, Saint-Raimond, Nostre-Dame du Repos.

Dans la chapelle qui occupait le côté droit de la grande porte de l'église on plaça plus tard la statue en marbre d'un des bienfaiteurs les plus signalés du couvent, Christophle de Lubiano. Il était représenté à genoux sur un tombeau occupant le milieu de la chapelle portant cette inscription :

« VICTORIÆ PATRI DICATUM

« Ici repose qui jamais reposa, Christophle de Lubiano, « natif de Victoire en Biscaye, capitaine des galères du chris- « tianissime roy François, après avoir été en quatorze que « batailles que rencontres et onze sièges, au service de trois « rois, Charles huict, Louis douze et François premier de ce « nom. »

(1) *Nouveau Mémorial*, etc., p. 107.

Le tombeau était démoli vers le milieu du XVIIIe siècle.

Nous ne savons malheureusement pas où était située la chapelle des Chirurgiens, dont il ne reste actuellement aucun vestige. Nous ne savons qu'une chose, c'est qu'on avait placé à côté d'elle la chaire à prêcher, ce qui devint, en 1593, l'occasion d'un procès intenté par le couvent à la confrérie, qui voulait obliger les Pères à réparer leur chapelle à cause de ce voisinage (1).

Un certain nombre de confréries se réunissaient comme les Chirurgiens chez les PP. Prêcheurs. On en comptait douze en 1746 : celles du Très-Saint-Sacrement de l'autel, de Notre-Dame de l'Annonciation régie en 1459 par les marchands merciers, du Saint-Rosaire, des Pénitents Gris sous le titre de Disciplinés de Saint-Antoine autrement dits Bauaires, de Saint-Charles, des Porteurs de Chaises sous le titre de Saint-Christophle, des Chapeliers sous le titre de Sainte-Catherine de Sienne, des Corailliers sous le titre de Saint-Vincens, des Tripiers sous le titre de Saint-Pie, de MM. les Procureurs au siège sous le titre de Saint-Yves, du Saint Nom de Jésus et de Nostre-Dame de Grâce.

Tous les lundis du mois, une messe était célébrée à l'autel de saint Cosme et saint Damien en l'honneur de ces saints et tous les maîtres en chirurgie étaient tenus d'y assister, puis ils faisaient « consulte et visite charitable de tous les malades et pouvres nécessiteux qui se vouldront présenter, à peyne de dix souls chascung qui se trouvera défaillir, sauf excuse légitime (2). »

Le 27 septembre, jour de la fête des saints patrons, l'affluence était bien plus grande. Non seulement les maîtres mais les compagnons et les serviteurs, aprentis et navigants, assistaient à la grand'messe et à la procession qui se faisait après, « à peyne d'une livre de cire contre chascung des maîtres qui se

(1) *Nouveau Mémorial des titres du couvent des PP. Prêcheurs*, 1746, n° 2, p. 29. Archives de la Préfecture.

(2) Règlement sur l'estat et mestier des chirurgiens de ceste ville de Marseille, 1627, art. 3.

trouvait défaillir, demi-livre contre les compagnons tant navigants que serviteurs de boutique et ung quarteron contre les apprentis. Tous étaient tenus de marcher à leur ordre sans pouvoir se séparer du corps ni avoir banière, violon, pain bény à part. Ils marchent après l'Abbé et son Lieutenant-chirurgien selon son rang et son ordre de réception à peyne de six livres pour chacun aplicable à la Luminaire (1). »

Dans la chapelle de Saint-Cosme était creusée une tombe où se faisaient parfois inhumer les chirurgiens. C'est ainsi que dans son testament du 11 juillet 1552 Jean Copin, chirurgien, veut se faire enterrer dans la tombe qui est dans la chapelle Saint-Cosme et Saint-Damien, couvent des Prêcheurs. Il lègue à la communauté un écu d'or (2).

Ces dispositions charitables en faveur du Luminaire n'étaient pas constantes : le testament de Jacques Alquier, chirurgien, fait en date du 7 juillet 1539, n'en contient aucune (3) ; mais elles sont fréquentes comme au XVe siècle.

II. — Les maistres de l'estat et mestier de Chirurgiens

XVIIme Siècle

Nous sommes au commencement du XVIIe siècle : les règlements en vigueur devenaient insuffisants. Les prieurs du XVe siècle, maintenant appelés *maîtres jurés*, étaient au nombre de quatre et restaient à la tête de la confrérie leur vie durant. C'étaient les maîtres les plus anciens. Un ferment de progrès et de nouveauté travaillait au sein de la communauté. On éprouvait le besoin de préciser et de rajeunir les statuts, d'améliorer les examens probatoires pour l'admission à la maîtrise, et un mouvement parmi les maîtres se dessinait en faveur de l'élection annuelle des Jurés. Nous

(1) Règlement, etc., art. 2.
(2) Extensoir de Rambert. Archives de la Préfecture.
(3) Protocolle de Pierre Morlan. Archives de la Préfecture.

ne pouvons mieux faire pour saisir les préoccupations qui agitaient les esprits, que de nous transporter chez Nicolas de Beausset, Conseiller du Roi, Lieutenant principal civil et criminel en la Sénéchaussée de Provence, devant lequel allait se présenter le 20 novembre 1627 Mᵉ Jean Longis, procureur à Marseille, pour et au nom de Jean André, Christol Caulet, Benoît Auphan, Gilles Cornahut, Valentin Masset et Jean Maurel, maîtres-chirurgiens de cette ville. Le registre des Insinuations de la Sénéchaussée nous a conservé le procès-verbal fidèle et détaillé de cette intéressante entrevue qui mérite d'être racontée.

Ces maîtres nous « auraient remonstré, dit le Registre, que pour certaines grandes et importantes considérations concernant le bien public, ordre, règlement et dignité de leur maîtrise, ils nous auraient dès le dixième mars 1617 donner requeste aux fins qu'en la réception des maistres et examens d'iceux tous les maistres ja receus et tenant boutique heussent droit d'adsister, examiner et avoir voix délibérative, et que les jurés feussent changés toutes les années et esleus en l'assemblée de la maîtrise au jour que serait par nous assigné. » (1)

Le 15 mars sentence avait été rendue, ordonnant aux *maistres de l'estat et mestier de chirurgiens* de s'assembler devant Nicolas de Beausset et le Procureur du Roi pour délibérer sur ces questions, et le 17 du même mois une autre requête avait été donnée pour avoir *assignation à jour et lieu certain* pour tenir ladite assemblée. C'était le 20 novembre à deux heures après-midi que tous les maîtres et même les quatre jurés se réunissaient dans la *maison d'habitation* du Lieutenant principal civil et criminel, qui était assisté de Mᵉ Pierre de Blanc, advocat et procureur du Roy. C'étaient d'abord maistres Jean Prat, Jean Chesneau, Jean Bermond, tous trois jurés ; puis Georges Marge, Jean André, Christol Caulet, Gilles Cor-

(1) Registre 7 des Insinuations de la Sénéchaussée, 1627 (Archives de la Préfecture). Règlement sur l'estat et mestier des Chirurgiens de ceste ville de Marseille.

nahut, Benoit Auphan, Valentin Mallet et Jean Morel, tous maistres tenant boutique ouverte du dit estat et mestier dans ceste ville de Marseille.

Christol Caulet prit le premier la parole. Tant en son nom que de ses consorts, il dit et remonstra « que d'enciennetó ceux qui se présentoient pour estre receux maistres n'estoient examinés que par les quatre jurés, estant cela procédé de ce qu'il n'y avait en ceste ville que cinq ou six boutiques, tellement que les quatre faisoient non seulement la plus grande partie, mais presque tout le corps entier de la dicte maistrise, mais maintenant que la ville est grandement accrue, mesme en fréquence et multitude de peuple, et ce nombre des boutiques augmenté jusqu'à vingt, il n'est pas raisonnable que cella passe par la seule voix des quatre jurés, principalement pour ce qu'ils sont perpétuels ; en sorte que s'estant rendus absolus, ils demeurent avec un entier pouvoir en la maistrise, sans qu'il leur reste aulcune sorte de société et communauté, encore qu'ils supportent également les charges, ce qui est contre l'ordre gardé et observé par toutes les bonnes villes du royaulme où les jurés sont annuels et esleus chaque année en l'assemblée des maistres, tous lesquels adsistent et ont voix délibérative en l'examen et réception de ceux qui se présentent. » La conclusion de Me Caulet s'impose : élection annuelle des quatre jurés, participation de tous les maîtres de chefs-d'œuvre tenant boutique aux délibérations des examens, car « on doit aporter plus de la maturité et procéder plus exactement et par l'opinion du plus grand nombre en l'examen et preuve de suffisance de ceux qui traitent un si noble subject que le corps humain et dont la vie et la mort dépend le plus souvent de la capacité, expérience ou ignorance de ceulx qui se présentent. C'est pourquoi on n'y saurait apporter assez de solennité et sans aller chercher des exemples plus loing, en avons ung domestique au corps des apoticaires qui se pouvant dire de mesme profession et traitant une partie de la médecine, ne reçoivent aulcung maistre qu'en la présence de tout le corps de l'estat et par le suffrage de tous les maistres chascung desquels a voix délibérative et droit d'examiner. »

Puis, élargissant le cadre de son sujet, Mᵉ Caulet profite de ce que ses confrères se trouvent présentement assemblés en présence des magistrats pour représenter tant en son nom que de ses consorts dénommés et même de plusieurs aultres maistres « qu'il semble y avoir quelque subject de se plaindre de l'incuriosité de leurs devanciers qui faisant une profession si honorable et si nécessaire au public, néanmoings n'ont dressé auleung règlement touchant l'ordre, direction et conduite de leur estat et encore de leur luminaire que jusques aux moindres mestiers il y a des règlements et estatuts, qui se trouvent enregistrés ricre notre greffe, gardés et observés, et que pour ce qui les concerne, il n'y en a point qui soyent de considération, car les règlements et estatuts de l'année(1)... ne contiennent que deux ou trois articles ne parlant ny de l'ordre divin, ni des formes qui doivent estre pratiquées en la réception des maistres ny en la conduite, direction et discipline de leur estat, tellement qu'il croit nécessaire de dresser ung bon règlement contenant ung ordre certain, constant et perpétuel pour la direction entière de la maistrise et vaccation, et auquel on heu perpétuellement recours sur tout ce qui arriveroit, ou qui pourroit dépendre des difficultés qui naissent journellement en leur estat et pratique d'iceluy. »

Il est bien regrettable que l'omission du millésime des statuts incriminés nous laisse dans le doute. Nous aurions su s'il s'agissait du règlement de 1443 déjà cité ou d'une pièce ultérieure. Il faut reconnaître que la manière dont on en parle et ce que nous savons de ce règlement, tout porte à croire qu'il est bien en cause. On peut dire que la confrérie ne vivait depuis deux siècles que de traditions. Les esprits cultivés et mûris du XVIIᵉ siècle éprouvaient le besoin d'assurer sa marche et de régler ses pas.

Je n'ajouterai qu'une observation au discours de Mᵉ Caulet.

(1) Le millésime de l'année manque dans le texte original.

Il estime à 20 le nombre des boutiques ouvertes en ville en 1625 ; or, quelques années avant, en 1612, un de ses collègues, Mᵉ Jean Chesneau, qui était alors syndic et que nous allons voir bientôt intervenir dans le débat, le portait seulement à 8. Il s'agissait de l'affaire dite des lits (1). Pour subvenir aux ressources insuffisantes de l'Hôtel-Dieu, toutes les confréries avaient été invitées à fournir chacune un lit. La plupart s'exécutaient avec lenteur : elles étaient assignées devant la chambre des Grands Jours. Le 16 décembre 1612, Nicolas de Beausset, lieutenant du Sénéchal, fit appeler l'affaire des chirurgiens, que l'économe de l'Hôtel-Dieu avait assignés après les prud'hommes pêcheurs. Le syndic Jean Chesneau remontra qu'ils n'étaient que *huit maîtres* à Marseille ; qu'on appelait à l'hôpital tantôt les uns, tantôt les autres toutes les fois qu'il y avait des pauvres atteints de graves maladies ; que souvent on leur demandait des consultations et que leur service était toujours gratuit. Le lieutenant fit droit à leur demande et les mit hors d'instance. Comment en si peu d'années le nombre des boutiques des chirurgiens s'était-il si rapidement accru ?

Après la diatribe tant soit peu virulente de Mᵉ Caulet, le Lieutenant principal admonesta les maistres « de penser murement à ceste affaire et porter leur opinion avec toute sorte de considération et de circonspection, sans avoir égard à leur particulier inthérêt ny dessein et faire considération que ce règlement estant faict avec grande délibération et cognoissance de cause servira à l'advenir comme de fondement et d'ung ordre et règlement constant et perpétuel à leur estat et mestier. » Il demanda ensuite les opinions.

Mᵉ Jean Prat était le premier et le plus ancien des jurés. Il parla le premier, d'avis, bien naturellement, « qu'il ne soyt rien innové, changé, ny altéré en la charge des prieurs et jurés et en la réception des maistres, et que toutes choses demeurent en état ». C'était le partisan de la routine après l'inno-

(1) A. Fabre, *Histoire des Hôpitaux*, t. I, p. 154.

vateur bouillant. Mᵉ Jean Chesneau fait un sage eclectisme qui rallie les suffrages de Mᵉ Bremond et de Mᵉ Georges Margo. Il est « d'opinion qu'on ne change, ny innove rien touchant l'eslection des prieurs et maistres jurés et que ceste qualité réside toujours en la personne des quatre plus anciens maistres, pour en cas de descès de l'ung d'iceulx estre la place remplie du plus ancien qui viendra après, ainsi que toujours a été observé. Néanmoings que tous les maistres adsisteront aux examens et auront voix délibérative, et par mesme moyen droit d'interroger ; toutes fois pour esviter la confusion et longueur il n'y auroit en chasque examen que huit qui interrogeront, scavoir les quatre jurés et quatre aultres maistres, partout suivant l'ordre d'encienneté de grade, et en telle sorte que chascung des maistres tenant boutique puisse au moings interroger une foys durant les examens de l'aspirant et pour ce que de laisser les interrogats en la disposition et liberté de chascung des maistres il arrive bien souvent que l'aspirant n'est pas interrogé sur les matières les plus importantes et essentielles et aussi qu'il semble y avoir une trop grande rigueur et difficulté ; il est donc d'advis de régler le faict des dicts examens sellon l'ordre et disposition des matières, ainsy que sera jugé estre le plus utile pour le public, instruction de l'aspirant et la dignité de la maistrise. »

Mᵉ Jean André est d'advis que l'on laisse les maistres jurés qui sont aujourd'hui dans leur estat tant qu'ils vivront, mais qu'après leur mort on les change tous les ans et au surplus que tous ayent voix délibérative et droit d'examen. Les autres maîtres furent de l'avis des précédents.

Mᵉ Blanc, advocat du roi, est d'avis qu'il faut faire un réglement.

Le lieutenant ordonna que les plus anciens maistres lui donneraient leur avis et opinions sur la question en litige. Après en avoir par plusieurs foys conféré, ouy Mᵉ Darème, advocat du roi en ce siège, et heu conseil de Mᵉ Nicolas de Vento, lieutenant assesseur, Elzias d'Oraison et Anthoine de Félix, conseillers au siège, le lieutenant ordonna que les articles suivants concernant l'ordre, direction et discipline du dict estat de chirurgie seraient gardés et observés. Suit le règlement en 41 articles qui fut donné dans la chambre du conseil à Marseille, le 10 mars 1628, par Nicolas de Beausset, lieutenant, de Vento, lieutenant assesseur, d'Oraison et de Félix.

Les 24 premiers articles concernent seuls l'organisation de la confrérie, les autres règlent la réception des aspirants et viendront dans la partie de ce travail qui lui est consacrée.

« 1° Premièrement, puisque advant toute chose il faut proposer le service de Dieu, l'honneur et le culte des saints, mesme du patron de la communauté, luminaire et confrérie, est ordonné que tous les maistres, compagnons, serviteurs et aprentis s'abstiendront de faire la rasure et tonsure les jours des saints dimanches et festes principales de l'année, mesmes de Noël, la Circoncision, Epiphanie, Pâques, l'Ascension, Pentecoste, la Feste-Dieu, la Toussaint, ensemble les festes de Nostre-Dame et des Apostres et de Saint-Cosme et Saint-Damien » (1).

L'ordonnance de police du 18 décembre 1680, dont parle A. Fabre (2) et qui défendait aux barbiers chirurgiens de raser les dimanches et jours de fêtes, n'était qu'un rappel à l'ordre déjà aciennement donné par les statuts du XV° et du XVII° siècle et dont l'observance devait être négligée.

Les articles 2 et 3 réglementaient les services religieux et ont déjà été donnés (3).

« 4° Et d'aultant que le dict luminaire ne se peult entretenir sans frais, est ordonné que pour y fornir tous les maistres, veuves, compagnons navigans, serviteurs et aprentis payeront la coste ordinaire, savoir les maistres vingt souls

(1) Dans le règlement de Toulouse de 1544, on avait ajouté « sauiz toutesfoy cas de neccessité et mesmement à ung prestre qui vouldroit chanter sa première messe, ung religieux entrer en religion, ou aultre spouser famo. » (Pilteau, p. 57). Ce règlement rappelle dans ses grandes lignes celui que nous allons exposer.

(2) Bullète du 18 décembre 1680, dans le *Bulletaire* de 1675 à 1681, aux Archives de la ville de Marseille, cité par A. Fabre : *Les Rues de Marseille*, II, p. 187.

(3) Voir page 18.

chascung, les compagnons navigans dix souls, les compagnons de boutique six souls, et les aprentis trois souls, laquelle coste sera aussi payée par les vefves tenant boutique et par leurs serviteurs et compagnons à la mesme raison.

5° Et au moyen de ce jouiront tous des droits, facultés et prérogatives atribuées au dict art et mestier et participeront aux bienfaicts qui se feront en la dicte luminaire et confrairie, et venant ung maistre ou maistresse à décéder seront accompagnés à la sépulture par les prieurs et aultres maistres qui seront tenus de s'y treuver, à peine de dix souls ; et laquelle sépulture sera aussi donnée aux compagnons navigans et pauvres compagnons passans, ayant au préalable payé la coste et arrérages, si ce n'est en cas de pouvreté.

6° Et pour le régime, ordre, direction et conduite du dict art et mestier tant pour le service divin que toutes aultres choses en deppendant, les quatre prieurs et jurés demeureront en leurs anciens droits et prérogatives et autorité, et laquelle charge résidera en la personne des quatre plus anciens leur vie durant, et venant l'ung d'eulx à decéder la place sera remplie par cellui qui viendra après plus ancien maistre de chef d'œuvre, en telle sorte que ce seront toujours les quatre maistres plus anciens.

7° Et d'aultant qu'il est nécessaire d'avoir ung lieu certain et estably pour tenir leur assemblée s'adresseront aux recteurs de l'hospital pour obtenir d'eulx ung lieu comode dans icelui pour y dresser leur bureau affin d'y pouvoir tenir toutes les assemblées nécessaires tant pour les examens des aspirants que pour tout ce qui regardera le faict de leur estat et maistrise, et affin qu'ils ayent plus de comodité et d'obligation de servir la dicte maison de l'hospital et prendre soing de la cure et garison des malades.

8° Quand il se rencontrera quelque malladie et occasion extraordinaire au dict hospital, où il faudra entreprendre quelque opération ardie, difficile ou extraordinaire, seront tenus d'y appeler leurs compagnons et apprentis affin qu'ils puissent aprendre et se former l'expérience qui est principalement requise en cest art. »

Sans savoir exactement à quelle époque l'hôpital accueillit la demande des chirurgiens, on sait qu'il leur donnait, vers la fin du XVIIme siècle, un appartement pour leurs réunions (1).

« 9° Se comporteront les diets maistres parmi eulx avec toute sorte de fraternité, amitié, bienveillance, s'adsistant mutuellement sans émulation et sans courir sur la practique l'un de l'aultre maistre, se proposant autre but sinon la santé et guérison des mallades.

10° Nul ne pourra tenir boutique ouverte et porter qualité de maistre chirurgien, ni se tenir pour agrégé à leur communauté et maistrise, s'il n'a subi l'examen et fait le chef-d'œuvre ainsi et à la forme que sera dicte cy-après.

11° Et pour ce qu'il y a plusieurs artisans, mesmes des estats plus mécaniques comme cordonniers, teisserans ou aultres qui se meslent de la chirurgie dont s'en suivent plusieurs abus, et le mestier en demeure en quelque façon déshonoré, il est très expressément deffendu à telle manière de gens de s'en ingérer à peyne de mil livres.

12° Comme aussi à toutes personnes de quelque estat, qualité et condition qu'ils soient de faire dans cette dicte ville de Marseille et son territoire aulcune œuvre chirurgicalle, s'ils ne sont maistres ou compagnons apreuvés ou examinés sous la mesme peyne ; n'entendant toutes fois y comprendre les opérateurs qui sont expérimentés et qui font profession d'ouvrir et de couper de la pierre, lever les cataractes, couper et aultres opérations dont ils ont accoustumé de se mesler, en faisant au préalable foy par attestation ou aultrement de l'expérience qu'ils auront faicte (2).

Les Veuves

13° Et affin de regler l'exercice des boutiques des veuves, est ordonné qu'elles seront conservées en leur encien droit de

(1) Livre G des délibérations du bureau de l'hôpital Saint-Esprit et Saint-Jacques de Gallice de Marseille, de 1692 à 1705, folio 74 recto et 78 verso. Archives de l'Hôtel-Dieu.

(2) Il est curieux de constater ce *permis d'exercer* qui est accordé d'une façon générale aux spécialistes et qui témoigne du crédit dont ils jouissaient alors.

tenir la boutique de leur deffunt mary pendant leur veufvage, sans y pouvoir estre troublées ni molestées en gardant les articles suivants (1).

14° Premièrement qu'elles ne pourront tenir boutique, sy elles ne sont femmes de maistres de chef d'œuvre receus, aprouvés et matriculés.

15° Item, que pendant le dict veufvage, elles se contiendront avec toute sorte d'honneur, de prudence et sans scandale, ny diffamation; et en cas qu'elles fussent convaincues de quelque malversation à l'honneur et diffamation publique, elles seront privées et descheues de leur droit.

16° Item, qu'elles feront régir leur boutique par un compagnon capable et suffisant et lequel sera tenu auparavant se présenter aux maistres jurés pour veoir sa capacité, et lui faire faire ung essay de suffisance.

17° Item, que les dictes veufves ne pourront arrenter leur boutique, ni convenir à certain prix des esmoluments, ains seront régies par les compagnons comme serviteurs soubs le nom et dépendance des dictes veufves.

18° Item, que les dictes veufves se retirant hors de ceste ville et allant habiter en aultre part ne pourront faire tenir boutique ouverte par les compagnons, et laquelle sera incontinent fermée.

19° Ne pourront les compagnons tenants et régissants les boutiques des veufves faire aulcung rapport en justice des blessures qu'ils traiteront sans appeler ung maistre qui signera le rapport avec ledict compagnon, sans pour cela prendre plus ample vaccation, ni surcharger les parties.

20° Item, que les dictes veufves ne pourront prendre ni tenir aulcungs aprentis, déclarants nuls tous actes et conventions qui pourraient estre passées pour ce regard.

Les Compagnons tant navigans que aultres

21° D'aultant que ce qui concerne le fait des compagnons aprentis et leur abbé se treuve particulièrement réglé par

(1) Ce droit était supprimé à Toulouse. D'après l'art. 23 les « fame veufve, enfans, filles de heritiers ne pourront tenir botique ouverte ne user dudit art par eux ne interposite (intermediaire). » Pifteau, p. 68.

quelques statuts faits pour ce regard qui sont enregistrés rière le greffe, ils seront tenus les garder et observer sellon leur forme et teneur, comme aussi les aultres suivants.

22° Premièrement que aulcun compagnon ne pourra exercer la chirurgie ni rasure soit en chambre, boutique ou aultre lieu s'il n'est apreuvé du corps des maistres.

23° Item que aulcuns maistres, veufves et autres tenants boutique ne pourront recevoir ni donner à travailler à aulcun compagnon sortant de la boutique d'ung maistre, qu'il n'aye demeuré absent l'espace de quatre moys, sinon que le maistre de la boutique où il aura travaillé y consentit ou que l'on recogneust son reffus contenir quelque mallignité ou injustice, et que la sortie du compagnon procédast de faulte du dict maistre : auquel cas il y sera proveu par les maistres jurés, et ce à peyne de cent livres.

24° Item que les compagnons qui vouldront naviguer sous la bannière de Saint-Cosme seront tenus advant que s'acorder soubs aulcung navire se présenter aux jurés aux fins d'être examinés et recogneus capables de telle charge à peyne de 25 livres, de quoi prendront certiffication des dicts jurés et payeront 3 livres à la boite de la dicte luminaire pour une seule fois : et semblable somme sera payée par les aprentis à la dicte boite le jour de leur obligation. »

On trouve dans la brochure publiée sur *les Compaignons de l'office de cirurgie et barberie de Tholoze* par le docteur Pifteau (1), quelques renseignements qui peuvent compléter ceux qui nous manquent sur les compagnons de Marseille. A quelques détails près l'organisation devait être la même, quoique la pièce dont il est question soit plus ancienne et date du commencement du XVI° siècle.

Les compagnons ou élèves chirurgiens élisaient chaque année un abbé auquel ils devaient tous obéir en choses licites, honnestes et qui toucheront ladicte société et statutz, un lieu-

(1) *Les compaignons de l'office de cirurgie et barberie de Tholoze en 1517.* Docteur Pifteau. Toulouse, Thomas. 1 brochure 79 pages, 1892.

tenant d'abbé et quatre conseillers. L'élection avait lieu à Toulouse le premier dimanche de septembre.

La boîte, qui était fermée par deux clefs gardées par deux conseillers, restait chez l'abbé. Elle ne devait pas contenir plus de 20 sols ; au delà l'argent était versé dans un coffre placé dans la chapelle de la confrérie et fermé par deux clefs dont l'une était gardée par un compagnon, l'autre par un maître ou quelque notable tous choisis à l'élection.

Les compagnons faisaient dire chaque semaine une messe spéciale, différente de celle des maîtres. Tandis qu'à Marseille, nous les avons vus le jour de Saint-Cosme dans l'obligation de se joindre aux maistres pour assister avec eux à la messe et à la procession, à Toulouse ils faisaient dire une « messe haulte à diacre et subdiacre, laquelle se dira avant ou après la messe des maistres du Saint-Office et ainsi qu'il sera le vouloir des dits maistres. » (Art. 6).

Chaque compagnon payait au luminaire deux sols six deniers tournois à son entrée (art. 9), puis six deniers tournois par mois et chaque logadis trois deniers tournois (art. 7). Un compagnon nécessiteux était secouru des deniers de la confrérie, à charge de les rendre s'il venait en « reconvalesance de biens » (art. 10). A son décès, le compagnon était porté en terre par quatre compagnons. L'abbé mandait de chaque boutique un compagnon pour lui faire honneur (art. 12). Défense était faite à tous les compagnons de se mettre sur la pratique qu'un autre compagnon aurait encommancée (art. 13).

Vers la fin du XVIIme siècle, la séparation des barbiers et des chirurgiens était complète, et les premiers avaient une confrérie spéciale placée sous le patronage de Saint-Louis, à laquelle est consacrée le second chapitre de cette étude. Pour qu'il n'y ait aucune confusion entre les boutiques de ces deux sortes d'opérateurs, on prit un soin minutieux de les différencier. Les barbiers étaient « tenus d'avoir des marques visibles de leur art pour la propreté et ornement du corps humain » ; leurs boutiques étaient peintes en bleu, fermées de châssis à grands carreaux de verre, sans aucune ressemblance aux montres des maîtres chirurgiens, et tandis que ceux-ci avaient pour enseignes des bassins jaunes, les barbiers les avaient blancs avec cette inscription :

Barbier, Perruquier, Baigneur, Etuviste

Céans on fait le poil et on tient bains et étuves

La charge de médecin ou de chirurgien de Marseille, vers la fin du XVIIe siècle (en 1693) était estimée (1) sur le pied du produit à 500 l.

Lutte contre l'exercice illégal

L'exercice illégal de leur art était la préoccupation constante des chirurgiens, qui s'efforçaient de l'enrayer par tous les moyens en leur pouvoir. Un arrêt du Parlement d'Aix rendu à la requête de l'Université de cette ville est intéressant et mérite d'être rapporté parce qu'au lieu de viser les délinquants et de les frapper de peines diverses comme les autres règlements, il punit directement comme responsables les consuls des villes dont les chirurgiens n'étaient pas réunis en communautés et n'avaient pas de syndics ou jurés pour les défendre.

Voici l'enregistration de cet arrêt, suivie du modèle de l'exploit par lequel on signalait les contraventions. Le texte de cet imprimé figure dans le fond des archives communales de Cassis (2).

« Sur la requête présentée à la chambre des vacations par le procureur général du Roy en la Cour. Disant, qu'encore que par des lettres patentes et par divers arrêts de la Cour, inhibitions et défenses soient faites à toutes personnes d'exercer publiquement la médecine, la pharmacie, la chirurgie, tant en cette ville d'Aix, qu'aux villes, lieux, bourgs et

(1) Reg. de l'Intendance, C. 2221, Arch. départ.
(2) Archives de la commune de Cassis, G G, 4.

bourgades de cette province non jurez (1), qu'ils n'ayent au préalable subi l'examen ordonné par ledit statut et règlement de l'Université de cette ville, deüement homologués, qu'inhibition soit faite aux juges sur les lieux de tenir la main à l'exécution d'iceux, à peine d'amende arbitraire ; néanmoins il est venu en sa nottice qu'au mépris de ces lettres patentes et arrêts, il y a dans lesdits lieux non jurez, certaines gens qui sans avoir subi l'examen et sans expérience ni caractère exercent publiquement la médecine, la pharmacie ou chirurgie, au grand préjudice de l'Université, qu'encore plus du public, qui est extrêmement intéressé, que ces trois diverses professions si utiles et si nécessaires ne sont exercées par des personnes qui ayent donné des preuves sensibles de leur suffisance ; ce qui arrive par la trop grande complaisance que lesdits consuls et administrateurs ont de les souffrir, soit par connivance ou autrement, et ainsi comme le seul remède pour saper une fois pour toutes un abus si grand et si préjudiciable, est d'ajouter aux injonctions faites aux juges des lieux de tenir la main à l'exécution dudit arrêt, et inhibitions et défenses aux consuls desdits lieux non jurez d'en souffrir le contenu, requiert le bon plaisir de ladite Chambre soit d'ordonner qu'inhibitions et défenses seront faites aux consuls desdits lieux non jurez de souffrir que la médecine, pharmacie et chirurgie y soient exercées par d'autres gens que ceux qui auront subi l'examen en cette Université conformément aux lettres patentes et arrêts de la Cour, sur telle pensée que la Cour arbitrera. Dit a esté que la Chambre ayant égard à ladite requête, a fait et fait inhibitions et défenses aux consuls des lieux non jurez de cette province de souffrir que la médecine, pharmacie et chirurgie soient exercées par d'autres personnes que ceux qui auraient subi l'examen de l'Université, confor-

(1) On appellait villes jurées, bourgs jurés, les villes ou bourgs dont les corps ou communautés ont des jurés ; villes non jurées, bourgs non jurés, ceux et celles qui n'en ont point. Les jurés étaient des marchands ou artisans élus à la pluralité des voix pour avoir soin des affaires de la communauté. *Dict. universel du commerce* de Savary. Paris, 1762.

mément aux lettres patentes de Sa Majesté et arrêts de la Cour, à peine de cinquante livres d'amende pour chaque contravention desdits consuls, et par laquelle ils seront contraints en leur propre sans le pouvoir rejetter sur le corps des communautés. Publié à la barre du Parlement de Provence, séant à Aix, le 10 juillet 1685.

« Signé : Imbert. »

« Du en vertu des arrêts rendus par Monseigneur de la Cour du Parlement, l'un datté du 21 février 1631 et l'autre du 10 juillet 1685, et à la poursuite de Monsieur le Procureur général du Roy et du sieur acteur de l'Université ; Nous nous sommes expressement acheminés au présent lieu où étant, avons fait commandement, injonction et défenses

de contrevenir directement ou indirectement auxdits arrêts, sous les peines y contenues et d'y satisfaire dans le temps y porté, autrement et à faute de ce faire leur avons protesté qu'ils y seront contraints aux formes ordinaires, par la protestation des dépens, avec deüe commination, et baillé copie, tant desdits arrêts imprimés, que du présent exploit. »

L'exercice illégal de la chirurgie n'était pas seulement le fait des gens entièrement étrangers à la profession. Les barbiers — mais on peut ajouter à titre de réciprocité — avaient une grande tendance à empiéter sur les droits de leurs anciens confrères les chirurgiens. Malgré leur commune origine, les deux corporations avaient souvent entre elles des démêlés que provoquait l'usurpation des privilèges bien et dûment consacrés par les règlements. L'ordonnance suivante rendue le 15 mars 1689 par l'intendant de Provence expose dans ses considérants l'état d'esprit des deux communautés et nous fait assister à une de ces querelles assez ordinaires (1).

« Pierre, Cardin Lebret, chevalier, seigneur de Flacourt,

(1) Reg. de l'Intendance (Préfecture), C. 2207, folio 89, la minute, et 91 l'original.

conseiller du Roy en ses conseils, maître des requettes ordinaires de son hostel et intendant de justice, police et finances en Provence.

« Veu les requestes respectives à Nous présentées, une par les sindics des maîtres chirurgiens de cette ville de Marseille, et l'autre par le syndic des maîtres barbiers, baigneurs, étuvistes et perruquiers de cette ville ; sçavoir celle des maîtres chirurgiens tendante à ce que pour les causes y contenues et attendu les contravensions et abus qui se commettent journellement par lesdits barbiers à l'édit de Sa Majesté du mois de mars 1673 arrests et règlemens rendus en conséquence tant pour cette ville que pour plusieurs autres du Royaume qui ordonnent que les chirurgiens ne pourront faire aucun commerce de cheveux et perruques et que lesdits barbiers ne pourroient pas aussy exercer la chirurgie directement ny indirectement, que les boutiques des barbiers seroient vitrées de carreaux carrez et ne pourroient mettre en leurs enseignes que des bassins blancs avec l'inscription de barbier, perruquier, baigneur et étuviste, et que, au contraire, les chirurgiens pourroient mettre leurs vitres de la manière qu'ils ont accoutumé et à leurs enseignes de bassins jaunes et nonobstant lesdits édit, arrest et règlement du Conseil, lesdits barbiers et perruquiers travaillent et font travailler en deux endroits divers, arrentent leurs privilèges prétendus, exerçant par eux ou par leurs compagnons l'art de chirurgie, ce quy détruit entièrement le dit art et maîtrise des chirurgiens qui est incomparablement au-dessus de celluy des barbiers et plus utile au public. Nous requérant qu'il nous plaise ordonner que lesdits arrests et règlemens seront exécutés et faisant faire deffenses très expresses auxdits barbiers, perruquiers, baigneurs et étuvistes de contrevenir à l'édit de Sa Majesté ny de tenir deux boutiques ou deux enseignes ny faire travailler en même temps en deux endroits différens, ains seulement en un seul endroit en tenant leurs vitres carrées et leurs bassins blancs et de ne se mesler en aucune manière de l'art de chirurgie ny par eux ny par leurs compagnons dont ils en demeureront responsables et en cas de contravension qu'il en sera informé et permis aux supplians de visiter leurs boutiques avec un officier et saisir les outils et instrumens de chirurgie quand ils en trouveront et les contraindre aux peynes portées par lesdits arrests et réglemens. Nostre ordonnance estant au bas de la requeste du onze janvier dernier portant qu'elle serait communiquée aux sindics desdits barbiers pour y répondre dans trois jours, l'exploit de signification d'icelle estant en suite du XI dudit mois, signé Drogue, controllé le lendemain ; la requeste desdits barbiers, baigneurs, étuvistes et perruquiers, tendante à ce que pour les causes y contenues et attendu que les sindics des maîtres chirurgiens nous ont présenté requeste toutte remplie de faitz imaginaires et abus prétendus commis par les supplians à l'édit de Sa Majesté de l'année 1673 et des arrests et réglemens faits pour raison de leurs arts, ne pouvant pas estre justiffié qu'ils y ayent contrevenu ny par conséquent fait aucune fonction de chirurgien directement ny indirectement et se soumettant à touttes les peynes portées par les dits arrests et réglementz qui n'ont esté rendus que pour les villes de Paris, Grenoble ou pour Aix susposé qu'il y en ayt, de quoy il ne conste pas, l'application n'en estant ny juste ny possible dans les reigles à Marseille où il n'est jamais rien arrivé, ny ayant rien entre les supplians et les chirurgiens qui exige de pareils réglemens, estant d'ailleurs une équivoque captieuse d'alléguer vaguement que les supplians tiennent deux boutiques chacun et travaillent en deux endroits, Nous, requérant pour ces raisons et autres déduites au long qu'il nous plaise en donnant acte aux supplians de ce qu'ils déclarent employer la présente requeste pour deffenses à celle desdits sindics des maîtres chirurgiens, les débouter de la leur avec dépens ; signé, Laffon. Nostre ordonnance de soit communiqué estant en suite du 13 janvier dernier auxdits maîtres chirurgiens pour y répondre dans trois jours avec la signiffication d'icelle du 17 en suivant parlant à Bonnaud un desdits sindics, par exploit de Cauvin, autre requeste desdits maîtres chirurgiens servant de réplique à celle des barbiers ; nostre ordonnance estant au bas portant qu'en jugeant seroit fait droit et signiflé du XX dudit mois de janvier, signiflée le 22, la recharge desdits maîtres barbiers, veu aussy la coppie collationnée d'un édit du Roy pour l'establissement des arts et mestiers en communauté, et pour fixer les barbiers, étuvistes et perruquiers en datte du mois de mars 1673, autre copie d'arrest du Conseil d'Estat quy permet aux barbiers, baigneurs et étuvistes du Royaume, leurs veuves, enfants et héritiers de disposer de leur place du premier juillet mesme année et finalement une copie d'autre arrest du Conseil du six novembre ensuivant qui permet aux chirurgiens, à leurs veuves et apprentifs de faire la barbe seulement avec déffenses de faire aucun commerce de cheveux, faire ny vendre aucune perruque et à toutles personnes de simmiscer de faire le poil et la barbe sous pretexte d'avoir les droitz desdits chirurgiens et barbiers et leurs veuves à peine de cinq cent livres damende. Ouy les parties en leurs dires et contestations et tout considéré.

Nous, faisant droit sur lesdites requestes respectives, ordonnons que l'édit de Sa Majesté du mois de mars 1673 pour l'establissement desdits maîtres barbiers, perruquiers, étuvistes, arrests et règlemens du Conseil rendus en conséquence, seront exécutés selon leur forme et teneur, ce faisant faisons deffenses auxdits maîtres barbiers, perruquiers, étuvistes, de tenir deux boutiques ou enseignes, travailler en deux endrois, ny entreprendre directement ny indirectement sur l'art et profession des maîtres chirurgiens sur les peynes portées par lesdits arrests et règlemens du Conseil et en conséquence, enjoignons auxdits maîtres barbiers, perruquiers qui tiennent deux boutiques et enseignes de se restraindre à une seule boutique et telle des deux qu'ils voudront choisir et à ce, commencer au jour de Saint Michel prochain, passé lequel temps ils n'en pourront plus tenir qu'une et en cas de contravension Nous avons permis auxdits maîtres chirurgiens de les faire assigner par devant Nous pour se voir condemner aux peynes portées par lesdits arrests et règlemens, comme aussi faisons deffenses aux maîtres chirurgiens d'entreprendre directement ny indirectement sur l'art et profession desdits maîtres barbiers, perruquiers, étuvistes, de tenir à leurs boutiques des chassis à vitres carrées et bassins blancs sur les mesmes peynes et, en cas qu'il y ayt aucuns desdits chirurgiens qui ayent à leurs boutiques les marques cy dessus spécifiées et quy n'appartiennent quaux maîtres barbiers, Nous leur enjoignons de les oster incessamment et dans ledit jour de Saint Michel prochain et quau surplus tant lesdits maîtres chirurgiens que lesdits maîtres barbiers se conformeront exactement à tout ce quy est porté par lesdits édits, arrests et règlemens sur les peines y contenues. Fait à Marseille, le quinze mars seize cent quatre-vingt neuf.

LEBRET.

Par Monseigneur :
LE GUAY.

Dans les mêmes Registres de l'Intendance (1), on trouve dans les considérants d'une requête adressée à l'Intendant Thomas-Alexandre Morant, le récit d'une mésaventure arrivée à un chirurgien quelque peu naïf, le maître Jean Terraz, qui avait cru pouvoir ajouter sans péril à son art les avantages que procurait celui de la perruque. Voici l'exposé des faits :

« Veu la requeste à nous présentée par Jean Terraz, chirurgien de la ville de Marseille, contenant que, quoiqu'il eut traité, au mois de mars dernier, avec Jean Richaud, maître perruquier de ladite ville et lors premier syndic desdits maîtres perruquiers, de la permission de travailler la perruque, moyennant quatre livres de cheveux, sçavoir deux livres au commencement et les deux autres dans trois mois, avec promesse d'advertir le suppliant lors des visites et de l'indemniser de tout en cas qu'il fût surpris; néantmoins environ

(1) Reg. de l'Intendance, C, 2182, f° 150.

un mois après lesdits sindics desdits perruquiers seroient venus dans sa maison et luy auroient saisi quatre perruques, dont ayant porté sa plainte audit Richaud, il promit de les lui faire rendre ; que pendant ce temps son office l'ayant obligé de faire un voyage à Gémenos, il a trouvé à son retour que lesdits sindics desdits perruquiers avoient pris un jugement par nous rendu par défaut le 11 avril dernier portant confiscation desdites quatre perruques et condamnant le suppliant de 20 livres d'amende et aux dépens. En vertu duquel lesdits sindics avoient fait procéder à une saisie des meubles, requérant ledit Terraz quil nous plût ordonner que lesdits sindics desdits maîtres perruquiers fussent assignés pardevant nous pour se voir dire quil seroit deschargé du payement de ladite amende et dépens et à ces fins à nous enjoint de luy rendre et restituer ces quatre perruques ou cheveux à luy pris, ou à tout événement que ledit Richaud seroit assigné à se voir condamner à le relever et garantir de la demande et prétention desdits sindics, avec tous dépens et domages et intérêts, ensemble à la valeur desdites quatre perruques. »

Les sindics des maîtres perruquiers n'acceptèrent pas cette confidence par trop confiante. Dans leur réponse, ils déclarent « quils ne croient pas que ledit Richaud se soit assez oublié pour faire de semblable traité, car il auroit encouru l'interdiction et la peine de l'amende portée par l'arrest du Conseil du 6 novembre 1675. » Ils demandent que ledit Terraz soit débouté de sa requête et que le jugement du 11 avril soit exécuté.

De son côté, Richaud, dans une autre requête, oppose « la dénégation formelle d'avoir fait aucun traité avec ledit Terraz, ainsy quil l'exposoit dans sa requête pour faits supposés injurieux et amendables dont il demandoit telle réparation que nous aviserions. Il nous plut le decharger de la demande dudit Terraz »; que celui-ci « seroit tenu de déclarer quil nestoit que bien et honneur dans la persone du suppliant ».

La conclusion de l'intendant était facile à prévoir :

« Nous avons débouté ledit Terraz de sa requeste, et en conséquence ordonné que notre ordonnance dudit jour 11 avril dernier sera exécutée selon sa forme et teneur, ce faisant que lesdites choses saisies seront vendues en la manière accoutumée pour des deniers en provenance lesdits sindics estre payés de l'amende et dépens à eux adjugés et le gardien des sequestres tenu de les représenter à peine d'y être contraint par les voies ordinaires, et ledit Terraz condamné aux dépens du présent incident. Fait à Marseille le deux novembre 1686.

« MORANT ».

CHIRURGIENS DE PESTE

On a sans doute remarqué avec quel soin les auteurs du Règlement de 1627 avaient spécifié l'obligation pour tenir boutique ouverte et porter qualité de maistre chirurgien (art. 10), d'avoir subi l'examen et fait le chef-d'œuvre prévu par leur règlement. Parmi ceux que visaient ces mesures, il faut placer les *chirurgiens* dits *de peste*, dont la lettre suivante du Roi, qui confirme leurs privilèges, dit l'origine et le caractère et au nombre desquels figura Jacques Daviel (1722). Pendant plusieurs siècles la communauté des chirurgiens dut subir, quoiqu'en protestant, cette infraction à ses statuts, et elle ne parvint qu'au XVIIIe siècle à obtenir leur suppression.

La lettre du Roi, datée de 1676, était provoquée par une demande des Echevins qui soutenaient contre la communauté des chirurgiens les chirurgiens de peste (1).

« Louis, par la grâce de Dieu roi de France et de Navarre, comte de Provence, Forcalquier et terres adjacentes, à tous présents et à venir, salut. Nos chers et bien amés les échevins de notre ville de Marseille nous ont très humblement fait remontrer que les habitants de ladite ville se trouvant souvent affligés de la maladie contagieuse par le grand commerce qu'ils entretiennent en Barbarie et dans le Levant, les exposants ont toujours pris un soin particulier dans ces malheureuses conjonctures, de choisir parmi les compagnons chirur-

(1) Registre de l'Intendance, C. 2275 (liasse). Arch. départ.

giens et apotiquaires ceux qu'ils estiment les plus propres et les plus capables de servir le public, soit en s'enfermant avec eux dans la maison commune de ladite ville, soit en s'exposant dans les infirmeries pour secourir les pestiférés. Et comme il seroit difficile de trouver un nombre suffisant de personnes expérimentées qui voulussent volontairement s'exposer à un si grand danger, s'ils ny étoient excités par l'espérance qu'ils ont dêtre récompensés d'un service si considérable pour le public, lesdits exposants sont en possession de donner aux dits garçons chirurgiens et apoticaires des lettres de maîtrise avec faculté de tenir boutique ouverte et de jouir des mêmes privilèges et avantages dont jouissent les maîtres chirurgiens et apoticaires de ladite ville, sans être tenus de faire aucun chef-d'œuvre ny de payer aucun frais, mais bien que le droit et l'ancienne possession où sont lesdits exposants de donner de semblables lettres de maîtrise soit entièrement connue des sindics desdits chirurgiens et apoticaires, que même ils y aient volontairement acquiessé en divers rencontres, tant par les impositions quils ont faites sur ceux qui ont joui des dits privilèges de maîtrise ou sur leurs veuves, que par les pensions quils ont aussi faites à quelques veuves desdits privilégiés pour les obliger de renoncer à leur privilège: néantmoins pour empêcher l'effet de tels privilèges ils troublent les particuliers qui les ont obtenus et en vertu de certains statuts quils disent avoir parmi eux, lesquels ils ont fait homologuer en notre grand conseil à l'insu et sans la participation desdits exposants, ils traduisent lesdits privilégiés dans une jurisdiction éloignée de leur demeure et sous prétexte que les dits exposants n'ont aucun titre primordial de cette possession vexent lesdits privilégiés et les consomment en frais; c'est principalement pour faire cesser une vexation aussi extraordinaire et aussi contraire à l'intérêt public de notre dite ville de Marseille que les exposants nous ont fait supplier de leur octroyer nos lettres à ce nécessaires; à ces causes et autres bonnes considérations à ce nous mouvants avons de notre grace spéciale, pleine puissance et autorité royale, permis et octroyé et par ces présentes signées de notre main, permettons et octroyons, voulons et nous plait qu'il soit loisible auxdits exposants de choisir en tems de peste tel nombre de compagnons chirurgiens et appoticaires qu'ils jugeront nécessaire pour s'exposer au service des pestiférés et après la maladie finie leur donner lettres de maîtrise avec faculté de tenir boutique ouverte et jouir des mêmes privilèges et avantages dont les autres maîtres chirurgiens et apoticaires et leurs veuves ont accoutumé de jouir sans que pour raison de ce ils soient tenus de faire aucun chef d'œuvre ny subir autre examen que celui quils auront subi publiquement dans la maison commune de ladite ville avant d'être reçus à si exposer à la charge par lesdits exposants de ne point abuser de la présente grâce et permission. Si donnons en mandement à nos amés et féaux les gens tenants notre Cour de parlement de Provence, sénéchal de Marseille ou son lieutenant, et à tous autres nos officiers et justiciers quil appartiendra que de notre présente grace et permission, ils ayent a faire jouir et user lesdits exposants et leurs successeurs pleinement, paisiblement et perpétuellement, cessant et faisant cesser tout trouble et empêchement nonobstant tous édits, ordonnances, règlement et autres choses à ce contraires, auxquelles pour de regard seulement et sans tirer à conséquence, nous avons dérogé et dérogeons par cesdites présentes. Car tel est notre plaisir et afin que ce soit chose ferme et stable à toujours, nous avons fait mettre notre scel à cesdites présentes, saufs en autre chose notre droit et l'autruy en toutes. Données à Saint-Germain-en-Laye au mois de décembre, l'an de grâce mil six cent soixante et seize et de notre Règne le trente-quatrième.

« *Signé :* Louis, et sur le reply : par le Roy, comte de Provence. *Signé :* Arnauld et scellée ».

Dans les dernières années du XVIIe siècle, un édit royal bouleversa momentanément les charges de maîtres jurés des diverses communautés à Paris et dans la province. Je n'ai pas de renseignements locaux sur cet événement qui fut une véritable opération au profit du Trésor royal.

« Il fut donné un édit au mois de mai 1691 (1), sous Louis XIV, portant suppression de tous les maîtres et gardes, syndics et jurés d'élection et en même tems création en leur place d'autant de maîtres et gardes, syndics et jurés en titre d'office, dans tous les corps de marchands et les communautés d'arts et métiers de la ville et fauxbourgs de Paris et de toutes les autres villes et bourgs clos du royaume. L'Edit attribuoit à ces nouveaux officiers les mêmes immunités, honneurs et privilèges dont avoient joui les anciens, mais avec augmentation de droits et d'émoluments.

« Il suffisoit pour acquérir ces offices, d'avoir dix ans de maîtrise actuelle, et les fils de maîtres six ans dans les principales villes, et dans les autres seulement six ans aux premiers et quatre aux seconds.

« Enfin, les assistances des anciens maîtres, leurs droits et privilèges étoient extrêmement diminués pour faire valoir les nouvelles créations.

« Peu de ces offices ayant été levés et les corps et communautés ayant de leur côté compris combien il leur seroit désavantageux de perdre la liberté des élections, elles proposèrent et obtinrent presque toutes la réunion des offices en payant les taxes réglées par le Role du Conseil du 10 avril 1691 ; en sorte qu'en 1694 il n'en resta que très-peu qui n'eussent obtenu des lettres-patentes portant ladite réunion et confirmation du droit d'élire leurs officiers. Depuis il ne s'est fait aucun changement considérable au moins par rapport à Paris.

« La plupart des autres villes du royaume suivirent l'exemple de la capitale ; et leurs corps des Marchands aussi bien que leurs communautés des Arts et Métiers se firent réunir et incorporer les offices qui les regardoient ».

(1) *Dictionnaire Universel du Commerce.* Ouvrage posthume du sieur Jacques *Savary des Bruslons*, continué sur les mémoires de l'auteur et donné au public par M. Philemon-Louis *Savary*. Paris, nouvelle édition, t. II, 1741, p. 1761.

D'après un armorial que Régis de la Colombière (1) dit avoir vu, les armoiries des chirurgiens de Marseille étaient : d'azur à la fleur de lys d'or sur une étoile à seize rais, accosté de deux boîtes à savonnette et en pointe une chapelle d'argent couverte de gueules.

Mais d'après l'armorial de France, celles qui ont été réellement accordées à la communauté des *chirurgiens jurés de Saint-Cosme de la ville de Marseille* sont ainsi décrites : « De gueules, à une église d'argent accostée de deux boîtes couvertes de même (deux boîtes à savonnettes) et surmontée d'une fleur de lys d'or rayonnée de même, et autour de cette devise : *Sanat omnia* ».

Régis de la Colombière ne donne pas la date du premier armorial dont il parle. La dénomination de « Communauté des chirurgiens jurés » employée par l'armorial de France semble presque sûrement indiquer que l'on approchait du XVIIIe siècle, quand ces armoiries furent données, si l'on n'y était déjà. On reste donc assez indécis sur celles qu'avaient les chirurgiens de Marseille aux époques antérieures. On ne connaît pas non plus la bannière de leur corporation.

(1) *Fêtes patronales et usages des corporations et associations qui existaient à Marseille avant 1789*, p. 172. Marseille 1863.

LIEUTENANT DU 1er CHIRURGIEN DU ROI

A. Fabre (1) dit que le Conseil d'Etat rendit, le 28 août 1668, un arrêt pour rétablir en sa splendeur le fait de la *barberie-chirurgie* à Marseille. Ce document consacrait un événement important, l'entrée en scène du chirurgien du roi, représenté dans les Communautés de province par son lieutenant. « Pour exercer dans l'enceinte de la ville, il fallut des lettres du lieutenant, qui ne les accordait que moyennant finances, après examen par un maître chirurgien juré. » Dans les faubourgs, au contraire, les maîtres et les veuves de maître pouvaient tenir boutique sans aucune autorisation. Cette distinction établie entre l'exercice de la chirurgie en ville et dans les faubourgs est le prélude de la différence encore plus profonde qui sera faite au siècle suivant entre les maîtres reçus par la grande ou la simple expérience, plus tard entre les docteurs en médecine et les officiers de santé, différence justement effacée aujourd'hui.

Les fonctions nouvelles du premier chirurgien du Roi ne semblent pas avoir été acceptées partout sans quelque difficulté. L'Université d'Aix entre autres opposa une résistance passive qui se prolongea plusieurs années et qui nécessita que

(1) *Les Rues de Marseille*, II, p. 188.

Félix, alors premier chirurgien, fit reconnaître juridiquement le droit dont l'avait investi le Roi d'établir dans toutes les villes du Royaume des lieutenants pour la réception des maîtres chirurgiens.

Après de longs considérants, l'intendant Lebret ajoute :

« Il est certain que par l'édit qu'il a plu au Roy de donner en faveur de M. de Félix, son premier chirurgien, au mois de septembre 1679, enregistré au grand Conseil au mois d'octobre suivant, il luy est permis en termes formels d'establir des lieutenants dans toutes les villes, bourgs et autres lieux du Royaume où il les jugera nécessaires sans aucune réserve ny exception et ce nonobstant les consentements et autres actes à ce contraires quy pourroient avoir esté donnés par ses prédécesseurs, lesquels Sa Majesté a déclarés nuls et de nul effet comme donné au prejudice de ses droits et que la cassation qu'il demande de la transaction passée trois ans avant cet édit entre Mᵉ Félix, son père, et l'Université d'Aix et de l'arrest d'homologation d'icelle rendu le 12 octobre 1676 luy doit estre accordée avec d'autant plus de justice qu'ayant esté reçeu en survivance de la charge de premier chirurgien du Roy dès l'année 1662, M. son père n'a peu donner aucun consentement ny passer de transaction avec l'Université d'Aix comme il l'a fait en l'année 1676 au préjudice des droits de sa charge et l'acteur de cette Université a si bien reconnu la justice de sa demande qu'il n'a pas été possible à M. Morant ny a nous de l'obliger de fournir des deffenses à la requête insérée en l'arrest du Conseil du 24 juin 1685 ny de remettre des pièces après quatre ordonnances rendues pour ce sujet le 20 juillet 1685, 8 juillet et 9 octobre 1686, 6 décembre 1687 et la sommation qui luy a esté encore faiste de la part du procureur de M. de Félix le 12 octobre dernier, ainsy nous estimons sous le bon plaisir de Sa Majesté que sans s'arrester à l'arrest du Conseil privé du 12 novembre 1676 portant homologation de la transaction du 16 janvier de la même année obtenu par l'Université d'Aix il y a lieu d'ordonner que l'édit du mois de septembre 1679 sera exécuté selon sa forme et teneur. Fait à Aix le onze novembre 1689 (1).

« LEBRET. »

III. — Le Corps ou Collège de Chirurgie

XVIIIe SIÈCLE

La chirurgie se développait et l'ascendant que prenait Paris sur la France entière grandissait de jour en jour. Les travaux de ses chirurgiens, la fondation par la Peyronie de l'Académie royale de chirurgie (1731) assuraient à son collège de Saint-Cosme une supériorité incontestable sur ceux de la province. De plus, la situation prépondérante donnée au barbier du roi, devenu vraiment, sous le nom de premier chirurgien du roi, le *roi des barbiers*, comme on l'appelait autrefois, faisait de Paris le centre unique qui dirigeait les communautés provinciales. Un nouvel édit de septembre 1723 en confirmant son autorité sur tous les chirurgiens de France précisait ses droits et privilèges. La suprématie de Paris était non seulement scientifique mais encore administrative.

Il est intéressant de suivre l'évolution qui, après avoir substitué à l'autorité ecclésiastique l'autorité civile, centralisait cette dernière dans la capitale. Au XVe siècle les barbiers s'étaient réunis devant l'évêque pour lui soumettre leur projet de règlement. Au XVIIe siècle, les maîtres de chef-d'œuvre s'étaient rendus chez le lieutenant de la Sénéchaussée, qui avait enregistré *rière son greffe*, les statuts et règlements, avec devoir pour eux de se pourvoir par-devant Sa Majesté pour leur confirmation et esmollogation. En 1769, c'est à Pichault de la Martinière, premier chirurgien du roi, que les chirurgiens soumettront leur nouveau projet de règlement.

Les chirurgiens de province « établis ou non en corps de

(1) Rég. de l'Intend., c. 2207, f° 102. Arch. départ.

communauté », étaient régis depuis 1730 par les statuts et règlements qu'avait rédigés pour eux *Maréchal*, premier chirurgien du roi (1). Les chirurgiens de Marseille, comme ceux de plusieurs autres villes, poussés par une louable émulation, voulurent relever le niveau de leur maîtrise en complétant les études par des cours théoriques et en améliorant le programme des examens. Ils venaient du reste d'obtenir (2), grâce aux bons offices de Lebret, intendant de Provence, que leur corps fût élevé en Collège, comme l'était, depuis 1645, celui des médecins (3). Aussi avaient-ils élaboré un projet spécial de règlement en 100 articles qui fut approuvé par délibération prise par leur Communauté le 13 avril 1769. Un fait digne de remarque se produisit à cette occasion. Le règlement est revêtu de 25 signatures : Goirand, Aillaud, les prévôts Demollins, Bremond, Roustan, le doyen Roux, Chabeaud, Cotton, Dupin, Viraud fils, Revel, Gros, P. Melicy, Brouchiet, Vachiel, Dorange, Ferriès, Second, Porre, Clergues, Cusin, Riouffe, Ollion, Chabaud et Guigues. Or, l'année suivante le Collège comprenait 47 membres (4). Il semble impossible qu'il ait subi un si rapide accroissement. Plus vraisemblablement à cette époque comme toujours, un certain nombre de confrères était resté étranger aux questions qui intéressaient le plus vivement leur profession. Quoi qu'il en soit, le projet de règlement, en grande partie conforme aux statuts particuliers déjà obtenus par les chirurgiens de Bordeaux, Toulouse, Rouen et autres grandes villes, fut soumis à Germain Pichault de la Martinière, chevalier de

(1) *Statuts et reglements pour les chirurgiens des provinces établis ou non établis en corps de communauté*, Aix, 1743, in-4° de 56 pages, chez la veuve de Joseph David et Esprit David.

(2) A. Fabre dit par erreur (*Hist. des Hôp.*, I, p. 360) que l'érection du Collège de chirurgie eut lieu en 1775. Le titre du règlement de 1769 ne laisse aucun doute : « Statuts et règlements pour le Collège... » Du reste dans les *Rues de Marseille*, II, p. 192, A. Fabre revient à la date de 1769.

(3) *Rues de Marseille*, II, p. 169.

(4) *Almanach Historique de Marseille*, Grosson, année 1770, p. 200.

l'ordre de Saint-Michel, conseiller, premier chirurgien du roi, président-né de l'Académie royale de chirurgie, chef et garde des chartes, statuts et privilèges dudit art. Celui-ci n'ayant rien trouvé de contraire à la police et à la discipline générale de la chirurgie donna son approbation à Versailles, le 5 juin 1769, bientôt suivie, le 25 du même mois, des lettres-patentes de Louis XV (1).

Cependant, malgré de telles autorités, lors de l'enregistrement du règlement par la Cour, qui eut lieu le 2 décembre 1772, un certain nombre d'articles ne furent pas adoptés et en marge à leur niveau le texte porte : « rejetté ».

Nous allons décrire, en prenant pour guide le règlement de 1769, le Collège de chirurgie de Marseille, tel qu'il était à la fin du XVIIIe siècle.

Placé sous la haute direction du premier chirurgien du roi et de son lieutenant, il se composait d'officiers, les quatre prévôts, le doyen, le trésorier et le greffier, et de membres, tous les maîtres reçus par la grande expérience ou aggrégés. De plus, il étendait son action sur un certain nombre de groupes annexes et subalternes tels que les maîtres reçus par la légère expérience, les élèves, les experts et les sages-femmes. Une réglementation minutieuse présidait au fonctionnement des moindres rouages de cette machine très complexe.

Les nouvelles armoiries du Collège étaient « deux fleurs de lys d'or en chef, un livre d'argent en pointe ouvert avec ces mots : Mémoires de l'Académie royale de chirurgie, et pour support, les images de saint Cosme et de saint Damien sur des terrasses chargées des principaux instruments de l'art de chirurgie avec la légende : *Augustis tutum est liliis.* » (Art. VI du règlement).

(1) Statuts et règlements pour le Collège des maîtres en chirurgie de la ville, fauxbourgs, districts et territoire de Marseille, accordés par lettres-patentes données à Versailles le 25 juin 1769. Marseille 1785, chez Antoine Favet, imprimeur du roi et de la ville, rue du Pavillon, près la place Saint-Louis, 82 pages.

Nous étudierons successivement : 1° la composition du Collège ; 2° ses assemblées ; 3° les groupes annexes qui lui étaient rattachés.

1° Composition du collège

A la tête du Collège était placé le premier chirurgien du roi et le titre I du règlement est tout entier consacré à définir ses droits et prérogatives, ceux de ses lieutenants et commis suivant, en leur forme et teneur, les statuts, privilèges et ordonnances qui leur avaient été accordées.

Article I.— « Le *premier Chirurgien du Roi*, en qualité de chef et garde des chartres, statuts et privilèges de l'art et science de la chirurgie, continuera par lui et par son lieutenant d'avoir toute inspection, jurisdiction et connoissance du fait de la chirurgie sur tous les maîtres, sages-femmes, élèves et tous autres exerçant ledit art et science, en tout ou en partie, dans la ville, fauxbourgs, district et territoire de Marseille, formant la dépendance ou département du Collège des chirurgiens de ladite ville, ainsi et de la manière qu'il l'exerce dans toutes les communautés de chirurgiens du royaume.

« Art. II.— Le premier Chirurgien du Roi aura pareillement droit d'avoir sa chambre de juridiction audit Collège, auquel lieu il aura, ainsi que son lieutenant, le droit de faire assembler ledit Collège pour les affaires d'icelui, ensemble pour les actes nécessaires à la réception des aspirans, de présider à leurs assemblées, d'y porter le premier la parole, de recueillir les voix, de prononcer les délibérations, de recevoir le serment des nouveaux maîtres et celui des prévôts ou trésorier, de les clore définitivement, comme aussi de faire observer la discipline, les statuts et règlements dudit Collège, le tout suivant et conformément aux dispositions ci-après. »

Le *lieutenant du premier Chirurgien du Roi* (art. II) était choisi par lui, d'après l'édit de septembre 1723, dans le mois qui suivait la vacance, parmi trois maîtres en chirurgie du Collège ou agrégés à ce Collège que lui présentaient les officiers de police. Le premier Chirurgien nommait pour greffier un des maîtres du Collège entendu dans « les affaires ; et en cas qu'il ne s'en trouve point de cette qualité... telle autre personne d'honnête profession et de bonne vie et mœurs et de la capacité requise. » Le greffier devait exercer lui-même son emploi, mais n'avait voix délibérative dans les assemblées qu'autant qu'il était membre du Collège.

Le lieutenant était prévôt perpétuel (art. IV) et jouissait, outre les droits attribués à sa charge, de tous ceux des autres maîtres. Il en était de même pour le greffier lorsqu'il était membre du Collège. Lorsque le greffier était absent ou interrogateur, le lieutenant pouvait commettre à sa place tel autre maître, et ce greffier commis tenait compte au titulaire de la moitié des droits qu'il percevait pour raison de son exercice.

Toute contestation (art. V) au sujet des droits utiles ou honorifiques de la charge du premier Chirurgien du Roi, de son lieutenant, greffier et commis, continuait à être portée directement, d'après la déclaration du 25 août 1715, en la grand'chambre de Parlement de Paris.

Le lieutenant du premier Chirurgien était tenu de faire avec son greffier (art. XXXVII) une visite annuelle chez tous les maîtres afin d'examiner s'il ne se commettait point d'abus, tant par rapport aux élèves qu'autrement ; chacun de ceux chez qui se faisait la visite payait, savoir : au lieutenant, 2 livres, et au greffier, 1 livre. Le lieutenant faisait sans greffier une visite annuelle (art. LXXXVIII) chez tous les chirurgiens des quartiers, bourgs et hameaux du district et territoire de Marseille, ainsi que chez ceux qui avaient été reçus pour les fauxbourgs, «aux fins d'examiner s'ils observaient exactement les statuts et règlements, s'ils étaient munis des médicaments simples et composés et des instruments nécessaires à leur art, comme aussi pour entendre les plaintes qu'on pourrait rendre contre les contrevenans, en dresser procès-verbal sur lequel les prévôts se pourvoyaient aux juges de police, pour y être par eux statué suivant l'exigence du cas et était payé au lieutenant par chaque chirurgien 2 livres pour ladite visite. »

Si le lieutenant n'avait pas fait ses visites avant le mois de septembre, le premier prévôt les faisait à sa place à partir du 1er octobre et touchait ses droits (art. LXXXIX).

Le *Greffier*, qui dépendait directement comme on vient de le voir, du lieutenant du premier Chirurgien et non pas des prévôts ou de l'assemblée des maîtres, tenait toutes les écritures du Collège, billets de convocation pour les assemblées ou les examens, délivrance des lettres de maîtrise, registres, etc. Il gardait entre ses mains les registres courants. Ces registres, d'après l'article XX, était au nombre de trois ; un « pour l'enregistrement des élèves, un autre qui contenait tous les actes concernant la réception des aspirants, toutes les réceptions des chirurgiens de campagne, experts et sages-femmes, et un troisième dans lequel étaient inscrites toutes les délibérations prises par le collège sur toutes les affaires ; lesquels registres étaient en papier marqué, cotés, numérotés et paraphés par premier et dernier feuillet par le lieutenant du premier Chirurgien du Roi, qui ne pouvait pour raison de ce exiger aucune rétribution ; tous les actes étaient écrits par ordre des dates, sans y laisser aucun blanc, ni interligne, à peine de 50 livres d'amende contre le greffier pour chaque contravention. »

Quant aux anciens registres, titres, papiers et documents,

ils étaient enfermés dans une armoire avec un répertoire ou inventaire signé du lieutenant et des prévôts. L'inventaire devait être vérifié chaque année et on y ajoutait au bas les pièces survenues dans l'année. L'armoire, qui était placée dans la salle commune, était munie de trois serrures et de trois différentes clefs, dont l'une était remise au lieutenant du premier Chirurgien, l'autre au premier prévôt, et la troisième au greffier. Aucun titre, papier ou registre ne pouvait être tiré de l'armoire sans que le preneur n'inscrivît un récépissé sur un registre spécial tenu par le greffier et gardé à demeure dans l'armoire. Lors de la remise de la pièce empruntée, mention en était faite en marge par le greffier et le récépissé était barré. (Art. XXI, XXII).

Le greffier faisait partie de droit du conseil, et dans les assemblées appelait les maîtres d'après leur rang et ceux-ci ne pouvaient parler que lorsque leur nom était venu. (Art. XVIII).

Les *Prevôts* en exercice, au nombre de quatre, suivant l'usage, deux anciens et deux nouveaux, servaient chacun pendant deux années consécutives, et les anciens avaient toujours la préséance sur les nouveaux. Ceux-ci étaient élus à la pluralité des voix le mardi après le second dimanche de mars dans une assemblée générale du Collège (art. XXVI) en même temps que le trésorier, que les professeurs-démonstrateurs et que trois maîtres qui étaient admis dans le conseil. Ils entraient en fonction le 1er avril. Ils étaient choisis parmi les maîtres ayant au moins six années de réception. « Ils ne pourront être continués, dit l'article XXVII, qu'ils n'ayent au moins les deux tiers des voix, et lorsqu'ils auront cessé d'être en charge pendant une année, ils pourront être réélus à la pluralité des voix, ainsi que les autres maîtres. » Après leur élection ils prêtaient serment (art. XXVIII) entre les mains du lieutenant du premier Chirurgien, et en son absence entre les mains du plus ancien prévôt, prestation de serment qui était enregistrée par le greffier dans le registre des délibérations et une commission leur était délivrée.

Leurs fonctions étaient (art. XXIX) « de gérer les affaires

du Collège, de recevoir les deniers communs, à la charge de les faire passer sans délai dans les mains du trésorier, de délivrer sur le trésorier les mandats nécessaires pour l'acquittement des dépenses et frais ordinaires, de veiller avec le lieutenant du premier Chirurgien à l'observation des statuts et de la discipline de la chirurgie, d'empêcher qu'aucun particulier ne l'exerce sans titre et que les autres ne tombent dans des abus et des malversations ; et en cas de contravention, après avoir pris l'avis du lieutenant du Ier Chirurgien, de poursuivre les réfractaires et contrevenants par-devant le lieutenant de police. »

Leur rôle principal était donc d'assurer la police de la chirurgie et pour cela ils devaient faire « visites toutes fois et quantes ils le jugeaient nécessaire dans les maisons particulières, palais, maisons, hôtels, collèges, prisons, enclos, communautés religieuses et autres lieux privilégiés ou prétendus tels, pour découvrir et vérifier les contraventions aux présens règlements, et ce en vertu de la permission des juges de police, et accompagnés de l'un d'eux, ou d'un commissaire de police » (art. LXXXVI.)

Nous avons vu que d'après l'article LXXXVIII, c'étaient aussi les Prévôts qui devaient « se pourvoir aux juges de police sur les procès-verbaux dressés par le Lieutenant contre les maîtres surpris en contravention. »

Avec le Lieutenant du premier Chirurgien ils étaient chargés (art. XXX) de faire célébrer l'office divin pour la fête du Collège. Mais l'église des P.P. Dominicains semble abandonnée, il semble même qu'on a renoncé à réunir le Collège dans une église déterminée. Les prévôts peuvent choisir « telle église qu'ils trouveront à propos ». L'office « consistait aux premières vêpres la veille de Saint-Cosme et de Saint-Damien et un service le lendemain pour le repos des âmes des défunts confrères et de leurs défuntes femmes, auxquels services lesdits officiers et maîtres du Collège » étaient invités d'assister.

Le Lieutenant du premier Chirurgien et les Prévôts, « pour

éviter toute surprise dans le public de la part des distributeurs des remèdes » dépendant de la chirurgie, devaient examiner et viser les brevets que délivrait la Commission chargée de les inspecter et qui devaient se renouveler tous les trois ans. Sur ces visas les juges de police donnaient la permission de vendre et de distribuer les remèdes. A peine de 50 livres d'amende pour les vendeurs, les placards, affiches et billets devaient porter leurs noms et adresses et à peine de « punition exemplaire tant contre les imprimeurs que contre les afficheurs et colporteurs », les permissions devaient être mentionnées sur les affiches et les noms et adresses des imprimeurs devaient y figurer (art. XCVIII).

Les Prévôts étaient encore chargés du tableau indiquant la composition du Collège. Ce tableau avait deux colonnes : dans la première étaient inscrits les noms, surnoms, qualités et demeures du Lieutenant, des Prévôts et des anciens maîtres ayant au moins dix ans de réception ; dans la seconde, les autres maîtres suivant la date de leur réception et le greffier. Ce tableau, imprimé aux dépens du Collège, devait être attaché dans la chambre de police de l'Hôtel de Ville, dans la chambre du Collège et distribué tous les ans à tous les maîtres, « le tout à la diligence des Prévots en exercice » (art. X).

Le *Doyen* était le maître le plus ancien. Il siégeait après les Prévôts et faisait partie du Conseil.

Le Lieutenant, les Prévôts et le Doyen faisaient partie de presque tous les jurys d'examen.

Le *Trésorier*, dont l'élection annuelle avait lieu, comme on l'a vu, dans l'assemblée générale du mardi qui suivait le second dimanche de mars, recevait (art. XXXII) des mains des Prévôts tous les deniers, rentes et revenus du Collège, le produit des amendes, dommages et intérêts qui pourraient être adjugés et tous les deniers de la bourse commune dont il devait fournir les récépissés aux Prévôts ; il acquittait toutes les dépenses et frais généralement quelconques à la charge du Collège, sur les mandats des Prévôts, signés au moins par deux d'iceux, à peine de radiation ; il présentait son compte de recette et de dépense avec les pièces justificatives dans l'assemblée générale indiquée pour l'élection des officiers du Collège, lequel nommait tels maîtres qu'il jugeait à propos pour l'examiner, et huit jours après, sur le rapport des maîtres commis à cet effet, son compte était clos et arrêté par le Lieutenant du premier Chirurgien du Roi dans une assemblée générale. Si le Trésorier se trouvait reliquataire, il remettait les fonds restants au nouveau Trésorier, dans un mois pour tout délai, à peine d'y être contraint; si au contraire il était en avance, il était remboursé dans le mois des premiers deniers qui rentraient, sinon il était fait une répartition par portion égale de la somme à lui due, sur tous les maîtres, à l'effet qu'il puisse être remboursé dans trois mois à compter de la fin de son exercice.

Art. XXXIII. — Les fonds restants après l'acquittement des charges et dépenses annuelles ne pouvaient être employés qu'en vertu d'une délibération de l'assemblée générale qui devait être convoquée à cet effet, ainsi que pour toutes les affaires importantes, dépenses extraordinaires, obligations et emprunts ; et lorsqu'il était question d'emprunt, la délibération prise à ce sujet ne pouvait être exécutée qu'après avoir été homologuée par les Juges de police, nonobstant ce qui était porté par la déclaration du Roi du 2 avril 1763, enregistrée au Parlement le 25 avril 1765.

Les *Membres* du Collège étaient, avec les officiers dont les fonctions viennent d'être détaillées, tous les maîtres reçus par la grande expérience ou agrégés. Voyons quels étaient leurs droits et leurs devoirs.

Leur premier droit était l'exercice de la chirurgie dans « l'étendue de la ville, fauxbourgs, district et territoire de Marseille ». L'article VIII définit en détail ce droit imprescriptible et exclusif. « Aucune personne de quelque qualité et condition qu'elle soit, ne pourra [y] exercer la chirurgie.., si elle n'a été admise à la Maîtrise par le Collège des Maîtres en Chirurgie de ladite ville, dans l'une des formes qui seront prescrites ci-après; défenses sont faites à tous autres d'exercer conjointement ou séparément ou de démontrer publiquement quelques-unes des parties de la chirurgie, même aux ecclésiastiques, séculiers ou réguliers, religieux ou autres, de faire aucunes incisions, opérations ni pansements, à peine de 500 livres d'amende, même de plus grandes peines, s'il y échet, en cas de récidive, sans qu'aucune personne de quelque qualité et condition qu'elle soit puisse en accorder la faculté sous quelque prétexte que ce puisse être ; et pour sûreté de l'amende ci-dessus prononcée, il sera permis aux Prévôts du Collège de faire saisir par le premier officier royal ou de police sur ce requis, assisté de deux témoins, les meubles, effets, et équipages des laïques contrevenans, et à défaut de meubles suffisants, de les faire constituer prisonniers, sauf de prouver la contravention dans la quinzaine. » Les particuliers non reçus, agrégés ou approuvés ne pouvaient avoir aucune action pour leurs salaires, pansements ou médicaments arrêtés ou non arrêtés ; leurs rapports ne pouvaient faire foi en justice, « nonobstant tous arrêts, brevets, lettres-patentes, privilèges, édits, statuts ou autres titres à ce contraire ». Même interdiction d'exercer la chirurgie dans la ville et le territoire de Marseille aux élèves qui n'étaient pas actuellement chez des maîtres, aux chirurgiens des vaisseaux marchands (art. IX) pendant leur séjour dans le port, « aux chirurgiens-majors des régiments de la Citadelle et forts et de la marine » en dehors « des officiers, soldats, et autres employés au service desdits régiments de la citadelle et forts et de la marine (1). Lorsque ces places étaient occupées par des

(1) Cette interdiction datait de plusieurs années et n'avait rien de spécial au Collège de Marseille. Le 25 octobre 1738, le Conseil d'Etat du Roi avait rendu un arrêt qui défendait « aux chirurgiens de la marine, d'exercer sans être aggréger (sic) aux communautés des chirurgiens. »

Le 28 septembre 1749 le Conseil d'Etat du Roi avait rendu un autre arrêt qui faisait « défenses aux chirurgiens-majors des hôpitaux militaires de faire aucuns pansements ni autres opérations de chirurgie sur les habitants des villes où ils sont établis, à peine de 500 livres d'amende pour la première fois, à moins qu'ils ne se soient fait aggréger dans les communautés de chirurgiens dans la forme prescrite par cet arrêt. »

maîtres du Collège, ceux-ci ne pouvaient faire exercer la chirurgie par un aide ou élève, indépendamment de l'exercice qu'ils en faisaient eux-mêmes et ils étaient tenus de contribuer à toutes les charges du Collège, « sans aucune distinction ni prérogative. »

Seuls les maîtres du Collège avaient le droit d'ouvrir les cadavres (art. XCIII). Il ne pouvait y être procédé depuis le 1er avril jusqu'au 1er octobre que douze heures au moins après la mort et depuis le 1er octobre jusqu'au 1er avril que vingt-quatre heures après. Ceux qui décédaient subitement ne pouvaient être ouverts de toute saison que vingt quatre heures après leur décès, le tout s'il n'en était autrement ordonné par la justice.

D'après A. Fabre, c'est le 4 décembre 1687 que le chirurgien Fascon avait pratiqué la première dissection qui fut faite à Marseille : depuis lors, les recteurs de l'Hôtel-Dieu accordaient aux chirurgiens tous les cadavres dont ils avaient besoin, mais seulement des cadavres mâles.

Si les maîtres reçus ou agrégés avaient seuls le droit d'exercer la chirurgie, il leur était interdit (art. XCV), à peine de 500 livres d'amende, de la faire exercer par d'autres que par les élèves, aides ou étudiants résidant chez eux. Ce principe de ne laisser l'exercice de la chirurgie qu'à ceux qui en étaient capables amena la suppression de l'exercice par les veuves des maîtres. Il est intéressant de remarquer combien le style avait changé avec les années. Au XVIIme siècle, on avait accordé aux veuves le droit de faire tenir leur boutique par un compagnon : au XVIIIme siècle on leur interdit de faire exercer la chirurgie par un élève ou un privilégié. Cette interdiction fut formelle pour les veuves des *chirurgiens reçus par la simple expérience* pour les quartiers, bourgs et hameaux (art. XXVI). L'art. XCIV, qui contenait la même mesure à l'égard des veuves des maîtres en chirurgie, est annoté comme rejeté par la Cour. On leur avait cepen-

(1) Fabre, *Les Rues de Marseille*, t. II, page 194.

dant ménagé comme dédommagement de l'autorisation qu'on leur enlevait et qui avait dû être la source de bien des abus, une somme annuelle de 100 livres prise sur la bourse commune, sans aucune retenue. Cette gratification, qui cessait avec leur mort ou leurs secondes noces, devait être demandée par écrit chaque année, sans qu'on pût prétendre à des arrérages pour les années où la demande n'aurait pas été faite.

Comme conséquence du droit exclusif à l'exercice de la chirurgie qu'il venait de consacrer, le règlement interdisait à tous les maîtres (art. XC) « de consulter avec d'autres chirurgiens que ceux qui étaient admis et reçus à exercer ledit art dans le Royaume, à peine d'amende et d'interdiction. »

Dans les rapports entre maîtres, il était recommandé aux plus jeunes de porter honneur et respect aux plus anciens avec lesquels ils avaient des consultations (art. XC). Les avis étaient donnés par les plus jeunes, « ensuite en rétrogradant par les autres maîtres plus anciens. »

Dans les assemblées, tous devaient porter honneur et respect au lieutenant du premier chirurgien, aux prévôts en exercice, au doyen et à tous les anciens, en observant aussi de se respecter mutuellement. En cas de contravention au présent article de la part de quelques maîtres, ils étaient exclus des entrées de la chambre commune pour autant de temps qu'il était déterminé à la pluralité des voix (art. XVII). »

Il était défendu tant aux maîtres du Collège qu'aux chirurgiens qui pouvaient être revêtus de quelque charge ou office que ce soit, de lever aucun appareil posé par d'autres maîtres, à moins qu'il n'y eût un péril évident de la part du malade, qu'en présence de celui qu' avait posé l'appareil ou après une sommation qui lui aurait été faite, à peine d'interdiction et de 500 livres d'amende : et étaient tenus tous lesdits maîtres de répondre et de satisfaire aux dites sommations sous les mêmes peines (art. XCI).

Enfin, il était enjoint sous les peines portées par les règlements et ordonnances à tous les chirurgiens qui étaient appelés « pour visiter et traiter les malades, d'en faire donner avis aux curés des paroisses ou autres prêtres par eux préposés, aussitôt que les maladies ou blessures paraîtraient dangereuses (art. XCII). »

Outre le droit d'exercer leur profession à Marseille, le règlement de 1769 prétendait donner aux chirurgiens de cette ville celui d'être mis au rang des notables bourgeois.

Depuis quelques années, la sollicitude du Roi s'efforçait d'encourager par ses faveurs les efforts qui poussaient en France la chirurgie hors de l'ornière. Une déclaration du 24 avril 1743 avait donné « des marques signalées de la protection royale aux chirurgiens de la ville de Paris. Différents arrêts du Conseil, revêtus de lettres-patentes, avaient déjà déclaré *notables bourgeois* les chirurgiens de plusieurs villes dans lesquelles ils exerçaient purement et simplement la chirurgie. De la Martinière avait demandé au Roi « de vouloir bien expliquer pareillement ses intentions en faveur de ceux qui s'adonnent entièrement et sans aucune restriction à cet art dans les autres villes du Royaume. »

Le 10 août 1756, Louis XV(1) avait ordonné en conséquence que les maîtres en l'art et science de la chirurgie des villes et lieux où ils exerceront purement et simplement la chirurgie sans aucun mélange de profession méchanique, et sans faire aucun commerce ou trafic, soit par eux ou par leurs femmes, seront réputés exercer un art libéral et scientifique et jouiront en cette qualité des honneurs, distinctions et privilèges dont jouissent ceux qui exercent les arts libéraux... être revêtus des offices municipaux dans le même rang que les notables bourgeois : » Défense était faite « de les comprendre dans les rôles d'arts et métiers, ni de les assujettir à la taxe de l'industrie ; et seront lesdits chirurgiens exempts de la collecte de la taille, de guet et de garde, de corvées et de toutes autres charges de ville et publiques. »

(1) Lettres-patentes qui ordonnent que les maîtres en l'art et science de la chirurgie du Royaume jouiront de la qualité de notables bourgeois, 10 août 1756.

L'arrêt du Conseil du 10 août 1756 et les lettres-patentes y attachées furent enregistrés par le Parlement de Provence le 10 octobre 1758 (1), à la requête des Syndics et Prévôts de la Communauté des Maîtres Chirurgiens de la ville d'Aix, agissant tant pour l'intérêt de leur Communauté et des chirurgiens des villes et lieux de leur arrondissement, que pour tous les autres maîtres chirurgiens des villes et lieux de la Provence. Dans les considérants de l'arrêt de la Cour qui reproduisent ceux de la requête, il est bien établi que l'usage du rasoir, pourvu qu'il soit limité à l'exercice de la chirurgie, n'est pas incompatible avec les faveurs et exemptions nouvelles qui sont accordées aux chirurgiens. « Quoiqu'il y ait parmi eux, disent les Prévôts d'Aix, des chirurgiens qui, dans l'exercice de leur profession, fassent usage du rasoir dans les boutiques, ils n'en sont pas moins propres à discourir sur les maladies qu'à opérer; ils ont observé de plus que dans la plupart des petites villes, bourgs et villages, il se trouve des chirurgiens à juste titre, qui sans l'usage de cet instrument ne sçauroient se maintenir, soit dans l'habitude d'opérer, soit dans un état décent; cet instrument est nécessaire pour la plupart des pensemens, il doit précéder bien des opérations qui se pratiquent sur différentes parties du corps humain; et si l'on donnoit l'exclusion au rasoir, il faudroit dans une infinité de cas un chirurgien pour opérer et penser, et une personne expresse pour disposer la partie, soit la tête, soit la face à l'opération ou au pensement, ce qui donneroit lieu à des inconvénients pernicieux. Requérant le bon plaisir de notre Cour soit..... ordonner que les chirurgiens de la Provence, soit que dans l'exercice de leur profession, ils y comprennent celui du rasoir ou non, pourvu toutefois qu'ils ne s'en servent que relativement à la chirurgie, sans qu'il soit question de cheveux ni de perruques, non plus

(1) *Arrest de la Cour de parlement de Provence qui ordonne l'enregistration et l'exécution de l'arrest du Conseil du 10 août 1756*, etc. A Aix, chez la veuve de Joseph David et Esprit David, imprimeurs du Roy et du Parlement, 1758.

que tout autre trafic, jouiront de tous les droits, privilèges, exemptions portés par le susdit arrêt du Conseil. »

Nos confrères de Marseille crurent pouvoir profiter des dispositions contenues dans l'ordonnance royale et insérèrent dans leur règlement un article qui sous le numéro 7 leur appliquait les privilèges accordés aux notables bourgeois. Cet article fut cependant rejeté par arrêt de la Cour.

En voici le texte :

« Et d'autant que le Collège des maitres en chirurgie est composé en grande partie de chirurgiens gradués et qu'il n'en sera plus reçu aucun à l'avenir que pour l'exercice pur et simple de la chirurgie, sans mélange de la barberie, ni d'aucune profession étrangère, méchanique et non libérale, dont l'exercice sera défendu aux maitres qui seront reçus à l'avenir dans le dit Collège : jouiront indistinctement les membres du dit Collège tant présents que futurs, du droit de porter la robe longue et le bonnet quarré dans toutes les cérémonies publiques et particulières : jouiront aussi des honneurs, distinctions, prérogatives, immunités dont jouissent ceux qui exercent les arts libéraux et scientifiques ; seront en conséquence les dits maitres compris dans le nombre des notables bourgeois de la ville de Marseille » pour jouir de toutes leurs prérogatives, conformément à l'arrêt du Conseil et lettres-patentes du 10 août 1756.

On est en droit de se demander, en présence des dispositions royales, des précédents créés par nombre de villes en France, si les faveurs que sollicitaient, en 1769, les chirurgiens de Marseille ne leur furent pas refusées parce que l'exercice de leur art n'était pas encore suffisamment dégagé des pratiques de la barberie. Ils reconnaissaient eux-mêmes que leur Collège n'était qu'en *grande partie* seulement formé de chirurgiens gradués. On voulût sans doute attendre pour relever leur situation que leur résolution de ne plus recevoir de maitres à l'avenir que pour l'exercice pur et simple de la chirurgie eût porté ses fruits.

Cependant l'*Almanach Historique pour l'année bissextile*

1772 (1) semble nous présenter les chirurgiens comme ayant obtenu gain de cause. Il le fait, à vrai dire, d'une façon mal assurée. Après avoir cité l'arrêt de 1756 et les lettres-patentes de 1758, il ajoute : « Ce qui met les maîtres en chirurgie de Marseille dans le cas de jouir des privilèges dont il est fait mention ci-dessus. »

Toujours est-il qu'en 1776, au moment de la suppression des Jurandes et des Communautés d'Arts et Métiers, les chirurgiens ne figurent sur aucune des listes qui sont conservées aux Archives départementales et qui furent dressées, soit pour établir les professions de commerce, arts et métiers de Provence, soit pour indiquer leurs dettes, leurs droits de réception ou les sommes qu'elles avaient empruntées ou qu'elles avaient données au Roi.

2° Assemblées du collège

Il y avait deux sortes d'assemblées dans le Collège (art. XII), l'assemblée générale et l'assemblée particulière du Conseil. Les unes et les autres étaient tenues dans la chambre du Collège, à peine de nullité de toutes les délibérations prises et des actes faits ailleurs que dans la dite chambre.

L'assemblée générale était composée de tous les officiers et membres du Collège ; l'assemblée particulière du Conseil était composée du lieutenant du premier chirurgien du roi, des quatre prévôts en exercice, du doyen, de deux maîtres de la première colonne du tableau et d'un de la seconde ayant au moins six ans de réception et du greffier (art. XIII). Le lieutenant, les prévôts en exercice, le doyen et le greffier étaient toujours membres du Conseil ; les autres étaient nommés pour un an, à la pluralité des voix dans l'assemblée générale où on élisait les prévôts. Ils ne pouvaient être « continués ni élus de nouveau qu'après une année d'interstice. » En cas de mort ou de longue absence de l'un d'eux avant la fin de l'année, le

(1) *Almanach Historique* de Grosson, 1772, p. 258.

Conseil pouvait nommer un autre maître « pour remplir sa place pendant le temps qui restait à expirer de la dite année. »

Le Conseil s'assemblait ordinairement et sans convocation (art. XIV) tous les lundis de chaque semaine, à 3 heures de relevée, pour traiter des affaires communes et ordinaires, police et discipline concernant les maîtres, veuves, élèves et tous ceux qui étaient soumis au Collège. A l'égard des affaires importantes et extraordinaires, et notamment pour obligation, emprunt, dépense extraordinaire, élection des officiers du Collège, emploi des fonds de la bourse commune et autres de cette nature, elles n'étaient traitées et ne pouvait « y être délibéré que dans une assemblée générale de tous les maîtres, à peine de nullité de tout ce qui serait fait au contraire. »

Les convocations extraordinaires du Conseil ou celles de l'assemblée générale étaient faites (art. XV) sur les mandements ou billets du lieutenant du premier chirurgien, signés de lui et distribués par le concierge, s'il y en avait un, et à son défaut par le dernier maître reçu. Les prévôts pouvaient assembler le Collège et signer les billets en cas de vacance de la place de lieutenant ou de son refus, trois jours après une sommation faite dans la forme ordinaire. Les billets de convocation étaient imprimés aux frais du Collège. Tout maître (art. XVI) absent d'une assemblée à laquelle il était tenu de se rendre, sans excuse légitime proposée par écrit au président au plus tard avant la clôture de la séance (autrement l'excuse était rejetée), était privé des émoluments qui devaient lui revenir, s'il y avait distribution de droits, sinon était frappé d'une amende de 3 livres, dans les deux cas au profit de la bourse commune. Dans toutes les assemblées (art. XVII) le lieutenant du 1er chirurgien présidait et en son absence le plus ancien des prévôts en charge présent à l'assemblée. Venaient ensuite les prévôts, doyen et autres maîtres suivant l'ordre du tableau.

L'article XVIII est indiqué comme rejeté sans que j'en devine la raison. Il réglait d'une façon minutieuse la tenue des assemblées. « Le lieutenant du premier chirurgien ou celui qui présidera en son absence, fera l'exposition du sujet de l'assemblée ; chaque maître ne pourra parler qu'à son rang et lorsque son nom sera appelé par le greffier, à peine de 5 livres d'amende pour la première fois, de 20 livres pour la seconde et en cas de récidive d'être privé de ses émolumens pour tel temps qui sera déterminé à la pluralité des voix. Les opinions seront prises en commençant par les prévôts, doyen et autres maîtres, suivant l'ordre du tableau. Et lorsque chacun aura dit son avis, le lieutenant du premier chirurgien, ou celui qui présidera à sa place, donnera le sien : il comptera les suffrages et prononcera la délibération qui sera transcrite sur les registres ainsi qu'elle aura passé à la pluralité des voix. Les délibérations seront dans tous les cas signées par tous les assistants, même par ceux qui seront d'un avis contraire, sous les peines portées par le présent article. »

Je rappelle que c'est dans une assemblée générale, tenue tous les ans le mardi après le second dimanche du mois de mars, qu'avait lieu (art. XXVI) à la pluralité des voix l'élection des prévôts, du trésorier, des trois maîtres faisant partie du Conseil et celle des professeurs-démonstrateurs que nous retrouverons plus loin.

Les avis et suffrages pour toutes ces élections, ainsi que pour l'admission ou refus des aspirans, devaient être recueillis par voie de scrutin, « sans que, pour quelques prétexte que ce soit, il puisse être procédé autrement, à peine de nullité » (art. XIX).

3. — Groupes annexes rattachés au Collège

Maîtres reçus par la légère expérience. — Les maîtres reçus par la simple et légère expérience n'étaient point censés membres du Collège ; ils n'y avaient ni voix ni entrée, dit l'article XI, et ils ne pouvaient exercer la chirurgie que dans les bourgs et hameaux du district et territoire de Marseille, « sans qu'ils puissent l'exercer dans la ville et ses fauxbourgs, sous les peines ci-dessus portées par l'article VIII (1). Et à l'égard des chirurgiens qui avoient été ci-devant reçus pour les faux-bourgs, ils pourront exercer la chirurgie dans lesdits faux-bourgs, et dans le district et territoire de Marseille et nullement dans l'intérieur de la ville et ce sous les mêmes peines portées contre ceux qui exercent la chirurgie sans titre. »

Est-ce à l'article XI que se rapporte l'affaire du maître Louis Mazet sur laquelle j'ai trouvé un arrêt dans les registres du greffe de police de 1784 ? Ou bien s'agit-il d'un chirurgien que les prévôts ne voulaient pas laisser s'installer dans les fauxbourgs de la ville parce qu'il n'était pas agrégé. Quoique ne connaissant pas l'affaire dont il s'agit, je transcris cette pièce comme exemple des mœurs de l'époque.

« En la cause du sieur Joseph Louis Mazet, maître en chirurgie de cette ville, demandeur en requête du 20 octobre dernier ; et à présent requiert à ce que faute par les adversaires d'avoir satisfait à l'injonction à eux faite, il soit dit et ordonné que par tout le jour de la signification de la sentence qui interviendra ils donneront au requérant la permission de s'établir hors la porte de Rome ou dans l'étendue du quartier de Notre-Dame du Mont, pour y exercer son état avec les mêmes droits, honneurs et privilèges dont jouissent les autres maîtres établis dans ces endroits : autrement et faute de ce faire dans ledit tems et icelui passé, dès maintenant comme pour lors, que ladite sentence, sans qu'il soit besoin de nouvelle communication, servira et tiendra lieu au requérant de la permission requise et dont il s'agit ; et au surplus être dit que dans tous les cas, ses adversaires seront condamnés aux dépens, sans préjudice au réquérant de ses dommages-intérêts soufferts et à souffrir à raison du refus de la permission dont il s'agit : d'une part, comparant par Court, contre les syndics et prévôts du Collège des maîtres

(1) Voir p. 55.

en chirurgie de cette dite ville, défendeurs assignés pour ce jourd'hui ; d'autre, comparant par Emerigon.

« Nous maire, échevins et assesseur, conseillers du Roi, lieutenants généraux de police, ouï sur ce le Procureur du Roi, faisant droit sur toutes les fins et conclusions des parties, ordonnons que celle de Court s'établira aux environs de la place Castellane, sans pouvoir se rapprocher de la ville plus près que la maison attenante le terrain qui appartient au sieur Peirier, avec inhibitions et défenses à ladite partie de Court de s'établir au fauxbourg de Notre-Dame du Mont. Fait à Marseille en jugement le 6 novembre 1784. Martin, fils de César, échevin, lieutenant général à l'étiquette. Collationné, signé : Lombard, greffier, et scellé.

Cette pièce indique que si les Prévôts du Collège ne manquaient pas à leurs fonctions de veiller sur la discipline de la chirurgie, l'autorité civile ne partageait pas toujours leurs avis et les obligeait parfois à accepter ses interprétations.

Elèves en chirurgie. — La situation et le mode d'étude des élèves en chirurgie subit de notables modifications dans les dernières années du XVIIIe siècle.

Les lettres patentes du 10 août 1756, qui accordaient la qualité de notables bourgeois aux chirurgiens leur renouvelaient aussi la permission « d'avoir un ou plusieurs élèves, soit pour être aidés dans leurs fonctions, soit pour les instruire des principes de la chirurgie. » Ces élèves, au nombre de deux, étaient « exempts de tirer à la milice, le tout à la charge tant par lesdits maîtres que par leurs élèves d'exercer purement et simplement la chirurgie. » On était encore à l'époque où la préoccupation dominante était d'encourager l'émancipation de la chirurgie de toute pratique commerciale ou mécanique. Plus tard on abordera plus franchement et sans garder les mêmes ménagements, la question des études vraiment scientifiques.

Le règlement de 1769 s'occupe surtout des égards que doivent observer entre eux les maîtres en chirurgie à l'occasion des élèves. Ceux-ci ne pouvaient (art. XCVII) sortir de chez leurs maîtres sans un congé par écrit et ils ne pouvaient entrer chez un autre maître du Collège, si ce n'est du consentement de ceux d'où ils étaient sortis. Les maîtres qui les auraient reçus au préjudice des défenses portées par le présent article, étaient tenus de les congédier à la première réquisition, à peine de 200 livres d'amende tant contre lesdits élèves que contre les maîtres qui les avaient reçus. L'apprentissage chez les maîtres était de quatre années au moins (art. XXXVIII). A son entrée chez un maître, l'élève devait faire dans la quinzaine une déclaration au greffe du premier chirurgien, qui était enregistrée sur un registre spécial (art. XXXIX) moyennant 10 livres au profit de la bourse commune, et 4 livres au greffier. Cette déclaration, accompagnée des mêmes droits, devait être renouvelée à chaque changement de maître.

L'apprentissage pouvait être fait dans les hôpitaux. Si les élèves servaient dans les armées, le certificat donné par les chirurgiens majors et visé par les colonels ou autres officiers pour une campagne leur tenait lieu d'une année (art. XL).

Vers la fin du XVIIIe siècle l'enseignement fut dédoublé. Le brevet d'apprentissage, qui résumait l'éducation professionnelle tout entière, théorie et pratique, telle qu'elle était donnée par les maîtres ou dans les hôpitaux, fut supprimé par une déclaration du Roi du mois d'avril 1772. On conserva néanmoins le stage chez les maîtres, dans les hôpitaux des villes frontières ou dans les armées, en le réduisant à trois ans (1) : c'était la formation pratique à côté de laquelle on plaça l'enseignement théorique donné par des professeurs.

Le stage pratiqué chez les maîtres en chirurgie fut réglementé d'une façon sévère.

On reconnut qu'il était nécessaire que les maîtres auxquels était confiée l'éducation pratique des jeunes gens eussent

(1) Dans les hôpitaux de Paris, le stage était réduit à deux ans.

eux-mêmes la capacité voulue, et d'autre part qu'ils ne soient pas chargés d'un trop grand nombre d'élèves et que ceux-ci soient tenus à la résidence chez leurs maîtres. Des abus nombreux s'étaient produits. De la liberté indéfinie accordée aux maîtres d'instruire autant d'élèves qu'ils le jugeaient à propos, sans que ces derniers soient obligés de demeurer avec eux, disait dans ses considérants (1) la Déclaration du Roi du 18 juin 1784, il résultait que plusieurs maîtres faisaient enregistrer un plus grand nombre d'élèves qu'ils n'en avaient réellement besoin pour les aider et suppléer. D'autres faisaient passer pour leurs élèves des gens sans qualité qui, s'immisçant au détriment du public dans l'exercice de la chirurgie, se mettaient par cette facilité contraire au bon ordre, à l'abri de toutes poursuites de la part des lieutenants du premier chirurgien et des prévôts des Corps et Collège de chirurgie.

Aussi fut-il décrété que les élèves qui entreraient chez les maîtres seraient « tenus de demeurer avec eux. » (2).

La déclaration de leur entrée chez les dits maîtres ou dans les hôpitaux se faisait comme par le passé, mais les certificats de service qui étaient délivrés par les maîtres ou par les chirurgiens-majors des hôpitaux, devaient être représentés au lieutenant et au greffier du premier chirurgien. Ceux-ci (art. 6) étaient tenus « de faire mention sur icelui, à peine de nullité, de l'enregistrement d'entrée chez lesdits maîtres ou dans lesdits hôpitaux, de certifier que le temps porté par lesdits certificats avait été exactement rempli, et que les élèves n'avaient pas eu d'autre domicile que celui de leurs maîtres. » Ces certificats devaient être légalisés par les juges, lorsque les élèves se présentaient à la maîtrise dans un autre Corps ou Collège de chirurgie. D'après l'article 7,

(1) Déclaration du Roi concernant les études et exercices des élèves en chirurgie, donnée à Versailles le 18 juin 1784, registrée en Parlement le 20 août 1784.

(2) Art. 5. Cet article et les suivants appartiennent à la Déclaration de 1784.

les maîtres des villes où il y avait Corps ou Collège de chirurgie étaient seuls autorisés à former des élèves. Défense leur était faite d'en « avoir plus de deux en même tems, ou d'en avoir aucuns qui n'auraient pas fait la déclaration ci-dessus ordonnée, le tout à peine de 50 livres d'amende applicables au profit de la bourse commune de leur Corps ou Collège. » Cependant n'étaient pas compris dans cette défense, « quant à ce qui concerne le nombre des élèves, les professeurs brévetés des Collèges ou aggrégés à iceux. »

Lorsque les maîtres servaient dans les armées, les certificats qu'ils donnaient aux élèves pour le service d'une campagne leur tenaient lieu d'une année. Le visa du colonel ou des officiers remplaçait la déclaration prescrite (art. 8).

L'enseignement théorique était confié à des professeurs. F. Arnaud (1) a établi que l'institution de l'enseignement officiel de la Chirurgie à Marseille remontait au 4 mai 1728. Jacques Daviel, le célèbre oculiste, fut autorisé à cette date, par la municipalité à faire « publiquement et à porte ouverte dans l'amphithéâtre de l'Hôtel-Dieu, jusqu'à ce qu'il en ait été construit un nouveau, les leçons de chirurgie et les démonstrations d'anatomie nécessaires pour l'instruction de tous les élèves en Chirurgie et particulièrement de ceux qui se destinent à servir sur des navires de Sa Majesté ». Sur la proposition de la Peyronie, Daviel fut nommé en 1738 par Louis XIV Démonstrateur Royal de Chirurgie et d'Anatomie à Marseille. L'arrêt royal qu'Arnaud a trouvé dans les archives de l'Hôtel-Dieu instituait l'enseignement de la Chirurgie dans notre ville sur le modèle de celui qui venait d'être créé, en 1724, à l'amphithéâtre de Saint-Cosme à Paris et comprenait deux cours gratuits par semaine, depuis le 1er octobre jusqu'au 1er avril.

Daviel continua son enseignement pendant vingt ans, mais nous ne savons pas s'il eut des successeurs immédiats.

(1) F. Arnaud. Notes d'histoire locale. Jacques Daviel, chirurgien et professeur à l'Hôtel-Dieu de Marseille (1723-1740). *Marseille Médical*, 1889, p. 616.

D'après l'article XXIII du règlement de 1769, le Collège devait faire enseigner et démontrer publiquement par quatre professeurs-démonstrateurs qu'il nommerait chaque année à la pluralité des voix et par scrutin, au jour de l'élection des prévôts, les principes de la chirurgie, l'*ostéologie*, et les maladies des os, l'*anatomie*, et les opérations sur les cadavres dans sa chambre commune, en attendant qu'il soit établi une école et amphithéâtre à cet effet. Un cinquième professeur pouvait être nommé pour la matière médico-chirurgicale et pour les instruments de chirurgie. Les aspirants et étudiants en chirurgie ne pouvaient entrer au cours avec épée, canne ni bâton et étaient « tenus de s'y comporter avec respect, à peine d'être procédé extraordinairement contre eux devant les juges de police. » Les cadavres étaient fournis gratuitement par les administrateurs des hôpitaux, suivant requête du lieutenant et des prévôts.

Le même professeur-démonstrateur pouvait être continué plusieurs années, s'il en était ainsi décidé à la pluralité des voix. En cas de vacance par mort ou démission, en cas de négligence dans les fonctions, le Collège pouvait en élire un autre. Chaque professeur recevait à la fin de ses cours, 50 livres des deniers de la bourse commune sur le mandement des prévôts (art. XXIV).

Les professeurs-démonstrateurs faisant leurs leçons étaient censés présents à toutes les assemblées du Collège et du Conseil qui se tenaient dans le même temps (art. XXV).

Il ne paraît pas cependant, dit A. Fabre (1), que les cours aient été faits à l'époque où les projetait le règlement.

Grosson (2) dit qu'il est regrettable que de petits intérêts aient milité contre la bonne volonté des Chirurgiens et retardé un établissement pour lequel le patriotisme et l'humanité formaient les vœux les plus sincères. On ne l'inaugura qu'en 1775, mais avec plus d'extension, dans une salle du couvent

(1) A. Fabre. *Les Rues de Marseille*, tome II, page 194.
(2) Grosson. *Almanach historique*, 1775, p. 225.

des Dominicains où siégeait le Collège de chirurgie. Les premiers professeurs-démonstrateurs furent Textoris cadet, greffier de M. le premier Chirurgien du Roi, pour les opérations; Vachier, pour l'ostéologie et les maladies des os; Aillaud, pour l'anatomie; Rigordy, pour la matière médico-chirurgicale; Helliès fils, pour les principes. Les cours avaient lieu les mardi et vendredi de chaque semaine, à 3 heures après-midi, les jours de fêtes exceptés. Le 12 octobre 1778, le Conseil de ville vota 1.200 livres pour la construction d'un amphithéâtre dans l'Hôtel-Dieu. On trouve dans les Archives départementales plusieurs lettres(1) du ministre Amelot adressées à l'Intendant de Provence de la Tour à la date du 4 juin et du 15 août 1778, qui rappellent les sollicitations des chirurgiens de Marseille demandant un amphithéâtre pour y donner des cours de chirurgie(2).

Une de ces lettres fut envoyée par erreur à Montpellier. M. de Saint-Priest la renvoie à M. de la Tour en lui adressant par un billet du 24 août mille très humbles compliments. Une dernière lettre d'Amelot datée de Marly, le 30 avril 1779, dit : « Les Administrateurs de l'Hôtel-Dieu ayant donné ce local et la Ville ayant consenti de fournir 1.200 livres pour le prix de l'établissement, je pense de même que M. Necker que cette opération ne peut qu'être approuvée et qu'on doit travailler à la consommer si elle ne l'est déjà. »

L'Ecole publique et gratuite de Chirurgie fit son ouverture solennelle en présence du Maire, des Echevins et de l'Assesseur, le 4 Octobre 1779. M. Terrier, Me ez-arts et membre du Collège prononça un discours sur l'origine et les progrès de la Chirurgie et les Cours se continuèrent les lundi, mercredi et vendredi de chaque semaine, à 3 heures de

(1) Archives départementales : Chirurgie.

(2) L'amphithéâtre, qui du temps de Daviel était situé au premier étage de l'Hôtel-Dieu, en communication avec la salle des hommes, avait été installé à la demande de Daviel, en 1728, dans une salle basse servant de magasin, qu'Arnaud croit pouvoir placer sur le plan du vieil Hôtel-Dieu, au rez-de-chaussée, au-dessous de la grande salle des malades, à droite en entrant par la grande porte (Arnaud, loc. cit. p. 620).

l'après-midi. Les professeurs étaient Louis Terrier pour la physiologie, Jacques Poilroux pour l'ostéologie et les maladies des os, Clair Second pour l'anatomie, Joseph Latour pour les opérations, Honoré Segond pour la matière médico-chirurgicale (1). La séance d'ouverture eut lieu tantôt en août ou juillet, tantôt en septembre ou octobre. A partir de 1787, un cours d'accouchement fait par Mᵉ Barles fut annexé aux précédents et les consultations gratuites en faveur des indigents furent données tous les jeudis, de 10 heures à midi, dans la salle du Collège à l'Hôtel-Dieu.

Les sollicitations des Chirurgiens avaient obtenu de nouveaux avantages pour l'Ecole qu'ils avaient fondée. En février 1784, sous l'administration de M. de Louvicou, seigneur de la Madeleine, maire, et de Jean-François Martin et Pierre Gavarri, échevins, les sieurs Ollion, Benoît, Roux et Muraire, prévôts du Collège, présentèrent à la municipalité le placet suivant qui ne manque pas d'intérêt, malgré sa longueur et son style emphatique.

Messieurs,

« Le Collège de Chirurgie de cette Ville ne voyant qu'avec le plus grand regret que plusieurs villes avoient des écoles de chirurgie, tandis que Marseille, cette ville aussi ancienne que renommée par les grands hommes qu'elle a produits, méritait bien, par le goût qu'elle a conservé dans tous les temps pour la culture des sciences et des arts, de voir renaître dans son sein une noble émulation pour les progrès de la Chirurgie. Et d'ailleurs dans quelle ville une école de chirurgie seroit-elle plus nécessaire par la quantité des élèves qui y viennent de toute part dans l'intention de se vouer à la navigation ? »

Le sieur Ollion insiste sur la nécessité que le chirurgien naviguant soit instruit : « Si les habitans des villages et des hameaux sont souvent à plaindre par le manque d'artistes

(1) Grosson, 1780, p. 270.

habiles, ceux qui voyagent sur mer le sont bien davantage... Sur l'étendue des mers et dans l'éloignement de toute assistance, le chirurgien qui doit être encore à son bord et médecin et pharmacien, n'a d'autre ressource dans les cas les plus épineux que celle de ses propres lumières, et s'il n'a point de vastes connaissances, malheur aux individus qui sont confiés à ses soins.

« Ces considérations bien réfléchies nous portèrent, il y a plus de quinze ans, d'instruire les élèves en leur démontrant gratuitement, dans la salle de nos assemblées, l'ostéologie et les maladies des os ; l'application des bandages et des appareils pour les playes, les fractures et les luxations et la matière médico-chirurgicale pour leur donner l'usage des formules et de la composition des médicamens internes et externes relatifs à notre art. Mais le manque d'un local et de cadavres pour leur démontrer l'anatomie et les opérations nous a obligés de recourir pendant plusieurs années à MM. les Administrateurs de l'Hôtel-Dieu qui nous accordaient ordinairement pour ces démonstrations faites pendant l'hiver, une salle nouvellement bâtie et le plus souvent sans vitrage.

« Mais cet état précaire où se trouvait le Collège n'auroit pu malgré tout notre zèle subsister plus longtemps ; nous adressâmes nos vœux patriotiques aux pieds du trône et le ministre instruit de l'importance de l'objet pour lequel nous réclamions ses bontés, malgré qu'il fut fondé de nouveau dans l'arsenal, depuis l'année 1777, une école de chirurgie, d'anatomie et de médecine pratique en faveur des chirurgiens navigans, ne daigna pas moins s'occuper tout de suite d'un établissement aussi utile à l'humanité ; prévoyant peut-être dans cet instant que des circonstances pourroient faire cesser encore les instructions de cette école maritime, comme il étoit déjà arivé en l'année 1746, et cette fois encore en 1779, par le départ de MM. de Joyeuse et Boinet pour Cadix, au lieu que les leçons données par des professeurs établis dans les lieux de leur résidence ne peuvent jamais manquer, parce que dans les cas de maladie, etc., ils sont remplacés par des adjoints.

« La reconnaissance que nous devons au ministère n'affaiblira point, Messieurs, celle que nous conservons chèrement au fond de nos cœurs, pour le zèle éclairé avec lequel vous aves sçû aprétier nos travaux et les récompenser malgré les bornes que la circonstance des temps pouvoit mettre à votre bienfaisance. »

Le sieur Ollion rappelle qu'un local leur fut donné à l'Hôtel-Dieu et douze cens livres (une fois données) pour la construction d'un amphithéâtre et que « la voix du ministre et celle de l'intendant de la province ont applaudi à ces sentiments généreux. » Il ajoute que ces leçons publiques entraînent des frais annuels qui excèdent cinq cents livres et que les ressources de la bourse commune ne suffisent pas toujours à payer et qu'il faut pour les acquitter, ainsi que pour les frais de démonstrations, recourir à « la cotité, article qui ne peut manquer tôt ou tard de ralentir le zèle des membres du Collège. »

Il fait ressortir que les Académies des Sciences, Lettres et Arts sont pensionnées, que leur école de chirurgie est devenue unique par la destruction du parc et qu'elle a la double charge de l'instruction des élèves qui résident à Marseille et des chirurgiens navigans.

« Ces sacrifices faits depuis plus de quinze ans, sembleroient devoir nous mériter non seulement d'être relevés de cette surcharge de frais annuels, mais d'obtenir encore une certaine somme une fois donnée (puisque nous manquons de tout) pour l'achat des divers instrumens pour les dissections, les injections et les opérations ; un mannequin pour les bandages, du linge, etc., etc. Cette faveur en mettant le comble à la reconnaissance des membres du Collège, ranimeroit leur zèle et les engageroit encore à vous suplier, Messieurs, de fonder en cette ville, à l'instar de celles de Lyon, etc., quatre prix consistant en livres de chirurgie qui seroient distribués par vous dans la salle de l'Hôtel de Ville, aux quatre élèves qui dans le concours public que vous auriez la bonté d'indiquer répondroient le mieux aux questions qui leur seroient proposées par des membres du Collège. »

Suivent de hautes considérations sur l'efficacité des récompenses pour exciter l'émulation.

« On dirige les penchans de la jeunesse à un but honête et alors les progrès rapides prenent la place de ces écarts, ou conduit si souvent le feu des passions. Les premiers succès sont si délicieux qu'ils élèvent l'âme des jeunes gens, les animent à des nouvelles victoires, et leur servent continuellement d'aiguillon pour les obtenir. Ainsi de succès en succès ils se forment à leur état et arrivent insensiblement à cet état de perfection dont leurs dispositions les rendent susceptibles. »

Le 3 mai 1784, le Maire et les Echevins délibérèrent d'accorder 1200 livres dont une partie serait appliquée à l'achat des instruments nécessaires aux démonstrations, une partie aux dépenses d'entretien de l'établissement et l'autre partie à l'achat des prix à distribuer : pour les années suivantes, 600 livres dont 450 seraient employées aux dépenses d'entretien et 150 à l'achat des prix. Ils demandèrent le 5 mai au ministre de Calonne de « vouloir bien autoriser cette délibération, comme très propre à augmenter les progrès de la Chirurgie, tant pour le bien de l'humanité en général que pour la conservation de la marine royale et marchande. »

L'approbation ministérielle fut envoyée le 21 mai 1784.

Une année d'études au moins avait suffi au début pour être admis à la maîtrise. « Mais sur ce que nous a été représenté, dit la Déclaration de 1784, que les connoissances théoriques qu'exige la chirurgie sont trop étendues pour que les élèves puissent les acquérir par des études d'une seule année (1) », il fut décrété (art. 1er) que les élèves devraient avoir « rempli pendant deux années au moins le cours des études en chirurgie. »

(1) Déclaration du Roi, déjà citée, du 18 juin 1784.

Leur assiduité fut soigneusement surveillée.

Les élèves (art. 2) étaient tenus, pour obtenir un certificat d'assiduité, « de s'inscrire sous chaque professeur sur trois feuilles différentes, dont l'une sera remise au lieutenant du premier chirurgien, la seconde aux prévôts, pour être déposée aux Archives, et la troisième demeurera entre les mains du professeur. »

On voit que la paperasserie n'est pas une découverte de notre époque, et qu'il faut plutôt la considérer comme une nécessité de notre tempérament national. Les inscriptions se prenaient pendant les quinze premiers jours de chaque cours, lequel temps passé, les feuilles étaient exactement remises à leur destinataire et aucun élève n'était plus reçu à se faire inscrire (art. 3).

Les professeurs devaient observer exactement ce qui était prescrit par les statuts particuliers de leur Collège tant pour l'ordre des matières qu'ils devaient enseigner que pour la durée des leçons. Ils devaient s'assurer avec soin de l'assiduité des élèves ou étudiants, en faisant pour cet effet l'appel autant de fois qu'il en était besoin. Ils délivraient à chacun de ceux qui avaient suivi leurs cours avec sagesse et régularité, des attestations signées d'eux que visaient ensuite les lieutenants et prévôts en charge après avoir vérifié les inscriptions. Si les étudiants se présentaient pour la maîtrise devant un Corps ou Collège autre que celui dont ils avaient suivi les cours, les attestations des professeurs devaient au surplus être légalisées par les juges (art. 4).

Experts. — La fabrication des bandages et la cure des dents étaient libres jusqu'en 1769. L'exercice de ces parties accessoires de la chirurgie fut soumis à réglementation. Pour faciliter aux dentistes, herniaires, renoueurs, leur admission dans le Collège, on accepta qu'ils ne se fissent agréger que pour une partie de la chirurgie.

Défense fut faite, sous les peines portées par l'article VIII contre l'exercice illégal de la chirurgie, « de fabriquer, vendre et appliquer des bandages pour les hernies, sans avoir été reçu en la forme prescrite ». Pareilles inhibitions et défenses furent faites, et sous les mêmes peines, aux experts reçus en la susdite forme d'exercer aucune autre partie de la chirurgie que celle pour laquelle ils avaient été reçus, et de prendre sur leurs enseignes, placards, affiches et billets, la qualité de chirurgiens ; ils avaient seulement la faculté de prendre celle d'experts, herniaires ou dentistes (1).

C'est en se basant sur cet article que les chirurgiens poursuivirent à la fin du XVIIIe siècle un nommé Chapuy, serrurier de profession, poseur de sonnettes et horloger, qui habitait rue des Fabres. Il fabriquait des bandages herniaires et les appliquait. Une première fois poursuivi et saisi le 5 août 1758, à la demande des recteurs Pierre-Jean Textoris cadet, et Jean Clergue, il avait été acquitté le 10 janvier 1759.

Il fut saisi de nouveau le 5 avril 1775. Des mémoires furent écrits pour et contre Chapuy. Les chirurgiens, qui en 1777 avaient pour prévôts Textoris, Dozol, Roux et Bertrand, lui reprochaient de ne pas se soumettre aux nouveaux règlements de 1769 qui admettaient des sujets agrégés pour une seule partie de la chirurgie, telles que la cure des dents, la fabrication des bandages. Nous savons par le mémoire écrit pour les chirurgiens qu'il y avait eu déjà comme expert herniaire feu Miqueli, serrurier de profession, et qu'il y en avait trois en 1777, les sieurs Gaudran, Ollion l'aîné et Robert. Je ne sais quelle fut l'issue du second procès intenté à Chapuy et si les chirurgiens purent enfin obtenir gain de cause pour leurs règlements (2).

Sages-Femmes. — L'exercice de l'art des accouchements par les sages-femmes fut interdit, à peine de 300 livres

(1) Règlement de 1769, art. LXXIII.

(2) Mémoire pour Jean-Anatole Chapuys, bandagiste, et mémoire servant de réponse au mémoire de Chapuis, se disant bandagiste, pour les syndics et prévôts du Collège des maîtres en chirurgie de cette ville. Marseille, Sibié, imprimeur du Roi et de la Ville. Biblioth. Second-Cresp, *Médecine*, vol. 21.

d'amende, à toutes celles qui n'étaient pas reçues (art. LXXVII) selon la forme prévue.

Le règlement de 1769 se terminait en établissant la destination des pénalités pécuniaires encourues par ses membres et la juridiction à suivre dans les cas de contestations ou difficultés éprouvées par le Collège.

La moitié seulement des amendes encourues par les contraventions aux présents statuts et prononcées par les juges était appliquée avec tous les dommages-intérêts au profit de la bourse commune du Collège ; l'autre moitié des amendes appartenait à l'Hôtel-Dieu (art. XCIX).

D'après l'article C et dernier, les présents statuts devaient être exécutés « selon leur forme et teneur, nonobstant tous édits, déclarations, statuts et règlements qui pourraient y être contraires ». « Les contestations qui surviendroient soit sur l'exécution d'iceux, soit sur l'opposition que pourroient former les maîtres en chirurgie et autres particuliers, même du chef de quelques autres communautés ou des personnes privilégiées ou prétendues telles, par rapport à l'étendue de leurs privilèges, soit personnelles, soit réelles », ces contestations devaient être « portées en première instance devant les juges de police de Marseille, et par appel à la Cour de Parlement de Provence, sans néanmoins déroger aux droits du premier Chirurgien du Roi, de son lieutenant, greffier ou commis, portés par l'édit du mois de septembre 1723, et par les déclarations des 24 février 1730 et 3 septembre 1736, lesquelles seront exécutées, et les contestations portées à la grand'chambre du Parlement de Paris, conformément à la déclaration du 25 août 1715. »

Postes officiels occupés par des Chirurgiens

Les Chirurgiens occupaient un certain nombre de postes officiels. Il y avait d'abord les *Chirurgiens de la ville* qui étaient nommés annuellement au nombre de quatre par la ville. Ils étaient considérés comme des officiers municipaux et composaient avec quatre médecins le Conseil de santé de la ville. Les quatre Chirurgiens étaient, en 1786, Demoulins, Aillaud, Melicy et Gros; en 1787, Gros, Bertrand, Brouchier et Fabre.

Deux maîtres en Chirurgie étaient *chargés des rapports de justice*. A partir de 1781, leur nombre fut porté à trois : Joseph Dozol, rue de la Trinité ; Thomas Villazel, place Maronne ; Helliès, coin Sainte-Anne. En 1783, ils sont remplacés par M. Porte, rue du Grand-Puits ; Bertrand, place Saint-Martin ; J.-C. Second, rue des Martégales ; en 1785, par H. Segond, rue Saint-Laurent ; Giraud d'Aillaud, rue du Tapis-Vert ; Jean Figon, rue de la Trinité. Enfin, deux Chirurgiens et un Apothicaire étaient chargés « par commission de l'Amiral, des rapports, de l'examen des Chirurgiens navigans et de la vérification des caisses de médecine et des instruments de chirurgie destinés à l'usage des navires. » Pendant longtemps ce furent MM. Perreymond et Coutarel qui étaient logés dans l'Arsenal et qui demeurèrent, en 1794, l'un rue des Recollets, et l'autre rue des Pins (1).

Il y avait encore les Chirurgiens spécialistes de la Province. Un exemple de leurs pétitions nous est conservé dans le mémoire (2) que le sieur Ollion, chirurgien de Marseille et oculiste, adressait en 1776 à l'Assemblée générale des Etats de Provence.

Ce chirurgien, que nous avons trouvé prévôt du Collège en 1784 et qui était chirurgien-oculiste de la ville de Marseille, s'était présenté à l'Assemblée en 1770 pour offrir ses secours et ses talens et remplir la place de chirurgien-oculiste de

(1) Grosson. Divers almanachs historiques. — F. Arnaud. Jacques Daviel, chirurgien et professeur à l'Hôtel-Dieu de Marseille. *Marseille Médical*, 1889, p. 612.

(2) Mémoire présenté à l'Assemblée du mois de décembre 1776 par le sieur Ollion, chirurgien oculiste, pour demander une indemnité.
A Marseille, de l'imprimerie Antoine Favet, imprimeur du roi et de la ville, 1776. Archives départ. Chirurgie.

la Province, conformément, disait-il, aux usages établis à Toulouse, Lyon, Bordeaux, Metz, etc.

« Ayant joint à sa demande quelques preuves non équivoques de sa capacité, de diverses personnes respectables et connues », il fut nommé le 26 octobre aux appointements annuels de mille livres, d'après le contrat suivant :

Extrait du contrat

« L'an 1770 et le vingt-neuf du mois d'octobre avant midi, comme soit que par délibération de l'assemblée générale des communautés tenue à Lambecs la semaine dernière, et dans la séance du vendredi 26 de ce mois ; l'Assemblée auroit unanimement délibéré d'accorder au sieur *Ollion* des appointements annuels de la somme de mille livres, au moyen de laquelle il seroit obligé de venir traiter gratuitement en cette ville pendant trois mois de chaque année tous les pauvres de la Province qui se présenteront à lui et de faire des élèves en cette partie, le tout aux conditions qui lui seront prescrites par MM. les Procureurs du pays ; et s'agissant de rédiger par écrit les accords et conditions sous lesquels le sieur Ollion sera tenu d'exercer son art de chirurgien oculiste dans la ville d'Aix. A ces causes, furent présents par devant le notaire royal à Aix, et témoins soussignés, Messire Louis Nicolas de Vento, chevalier, marquis des Pennes, ancien officier des galères du Roy, chevalier de l'ordre royal et militaire de Saint-Louis ; Mᵉ Lecler, avocat en la Cour de Parlement de ce pays ; Messire Henry Raimaud ; Pierre Volan de Matheron d'Aubenas, ancien capitaine d'infanterie, chevalier de l'ordre royal et militaire de Saint-Louis, et sieur Jacques-Pierre de Violaine, avocat en la Cour, maire, consul et assesseur d'Aix, procureurs du pays d'une part et le sieur Arnaud-Claude Ollion, maître en chirurgie et chirurgien oculiste domicilié à Marseille d'autre. Lesquelles parties, de leur gré, ont convenu et accordé ainsi qu'il suit.

« En premier lieu, le Sʳ Ollion s'oblige à venir résider

en cette ville toutes les années pendant trois mois consécutifs, savoir, les mois d'avril, mai et juin, sans pouvoir s'en absenter sous quel prétexte que ce soit, à moins qu'il n'ait une permission par écrit de MM. les Procureurs du pays, qui ne pourra lui être accordée que pour un temps limité, exprimé dans ladite permission, lorsqu'il n'y aura point des malades à opérer, ou à traiter pour raison de maladie d'yeux.

« En second lieu, le sieur Ollion promet de préparer, soigner et opérer tous les malades de quelque maladie aux yeux que ce soit, qui seront à l'hôpital général Saint-Jacques de cette ville, ou qui viendront en cette dite ville, des villes et lieux de Provence, et qui seront pauvres gratuitement, et sans pouvoir en exiger aucune récompense ; et à l'égard des personnes aisées, il les préparera, soignera et opérera moyennant la somme de cent vingt livres, qui pourra être moindre, suivant l'espèce et la nature de l'opération ; mais qui ne pourra jamais l'excéder, si le cas n'est que ce qui excédera ne lui soit volontairement offert.

« En troisième lieu, le sieur Ollion s'oblige et promet de recevoir pour élèves tous ceux qui lui seront soumis par MM. les Procureurs du pays, lesquels élèves il instruira par des leçons qu'il leur donnera deux fois par semaine à l'heure qu'il leur assignera dans sa maison, sur la Théorie Pratique et opérations relatives aux maladies des yeux, et en les faisant assister à toutes les opérations qu'il fera dans la ville.

« En quatrième lieu, si quelque élève n'avait pas les dispositions nécessaires, le sieur Ollion sera tenu d'en avertir MM. les Procureurs du pays.

« En considération de tout ce que dessus, MM. les Procureurs du pays, suivant le pouvoir qui leur a été donné par la susdite délibération de l'Assemblée générale, ont promis au nom de la Province au sieur Ollion une pension annuelle de mille livres, qui lui sera payée moitié de six en six mois, dont le premier payement écherra dans six mois prochains et ainsi continuant de six en six mois sa vie durant, et là où le dit sieur Ollion deviendrait incapable d'opérer soit par la caducité de l'âge, soit pour raison d'infirmités habituelles et incurables, dès lors la susdite pension de mille livres sera réduite à la somme de cinq cent livres qui lui sera annuellement payée tant qu'il vivra aux mêmes termes que ci-dessus ; et pour l'observation de tout de ce que dessus les parties obligent ; savoir, lesdits sieurs Procureurs du pays, les biens, droits, rentes, revenus et impositions de la Province, et ledit sieur Ollion, aussi ses biens présens et avenir aux Cours des soumissions de Provence, et autres avec due renonciation et serment, requérant acte. Fait et publié à Aix dans l'Hôtel de Ville, en présence du sieur Bernard Coussin, de cette ville, et sieur Jean-Simon Arquier, dudit Aix, témoins signés avec les parties à l'original. Dûement contrôlé à Aix ; signé du Temple. Collationné par nous, notaire royal soussigné. Signé ; Guyon, notaire. »

Six ans après sa nomination, le sieur Ollion adresse en décembre 1776 à l'Assemblée générale des Communautés de Provence un mémoire dans lequel il rend compte de la manière dont il a rempli l'office qu'on lui avait confié. Il avait accepté, dit-il, « avec sensibilité une place qui outre le titre de pensionnaire d'une Province, lui prouvoit encore sa confiance, époque qu'il regarda comme la plus flatteuse de sa vie. »

Il dit qu'il a eu pour élèves le sieur Roure, alors gagnant maîtrise à l'hôpital ; le sieur Duplessy qui succéda à Roure, et son fils qui le suit depuis plusieurs années soit à Marseille, soit dans ses quartiers à Aix.

Le sieur Ollion ajoute les noms de quelques personnes opérées avec succès de la cataracte :

D'Aix, les nommés Ferrat, paysan, et Chevassu, tailleur de pierres.

D'Aups, la nommée Girard, domiciliée à Aix.

De Digne, la nommée Second, domiciliée à Marseille.

D'Orgon, le sieur Testanier, cavalier de la maréchaussée.

De Moustiers, les sieurs Jaufret et Boudy ; ce dernier âgé de 80 ans, lors de l'opération, etc., etc.

Il ajoute qu' « indépendamment de ces malades attaqués

de la cataracte, il en a guéri pendant ces six trimestres plus de cent autres des divers lieux de la Province ou des passants : soit par des opérations pour des hypopions, ou abcès dans les lames de la cornée, ou dans la chambre antérieure ; des ptérygions ou excroissances charnues qui viennent dans les yeux ; des tumeurs de la sclérotique et de la cornée transparente, dites staphylomes ; varices des vaisseaux de la conjonctive ; fistules lacrymales vraies ou fausses, etc. Et soit par des traitements pour des ophtalmies sèches et humides ; tayes et ulcères de la cornée ; épiphora ou larmoiement sans aucun dérangement apparent dans la pompe lacrymale ; héméralopie, ou l'aveuglement de nuit, puisque ceux qui en sont attaqués ne peuvent voir ni avec la lune, ni avec une ou plusieurs lumières ; gouttes séreuses imparfaites, paralysie de la paupière supérieure, renversement de l'inférieure, etc. Il est à observer que la plus grande partie de ces maladies génoient plus ou moins la vision et que les autres avoient totalement produit la cécité. La plupart des observations ont été communiquées à l'Académie Royale de Chirurgie de Paris, à celle des Sciences de Dijon, de Montpellier et de l'Institut de Boulogne qui l'ont honoré des lettres d'Académicien. »

Puis il énumère ses déboires. Ses absences de Marseille lui ont fait perdre une partie de sa clientèle. Alors qu'il exerçait autrefois toutes les parties de la chirurgie, indépendamment de sa qualité d'oculiste, il a été « borné par le public à cette seule partie qui fait aujourd'hui tout son apanage. » Les clients de Marseille, sachant qu'il s'absente trois mois par an, préfèrent s'assurer d'un chirurgien sédentaire. D'autre part, à Aix, plusieurs malades sont venus se faire opérer gratis à l'hopital qui auraient pu le payer. Il cite le sieur Ebrard, de Barcelonnette, domicilié à Martigues, qui avait plus de dix à douze mille livres de bien.

Il espère que l'Assemblée voudra bien l'en dédommager par l'augmentation de sa pension, et aussi par l'assurance de sa continuation entière et sans diminution sa vie durant.

Je ne sais le sort qu'eut la demande du sieur Ollion, mais sa place devait avoir du bon, malgré ses doléances, car de son vivant on sollicite l'honneur d'être nommé son *survivancier*, comme l'indique la lettre suivante du sieur Giraudin, autre maître en chirurgie de Marseille :

« A Nosseigneurs de l'Assemblée générale des communautés du pays de Provence.

« Nosseigneurs et Messieurs,

« Le sieur André Giraudin, gradué de l'Université d'Aix, oculiste et maître en chirurgie de la ville de Marseille, encouragé par le bon accueil que l'Assemblée générale de ces Etats fait toujours à ceux qui consacrent leurs travaux aux biens de la Province et surtout à la conservation de ses habitants, a l'honneur de vous offrir l'hommage de ses talents dans la médecine et chirurgie oculaire. Ils sont le fruit de plusieurs années d'étude et d'expérience. Le triste sort d'une infinité de malheureux affligés des yeux, la rareté des bons oculistes, l'inclination naturelle du suppliant pour sa profession, l'envie de se rendre utile ; tous ces motifs l'ont porté à s'occuper essentiellement de cette branche importante de l'art de guérir.

« Ledit sieur n'entrera point ici dans le détail des maladies des yeux qui sont sans nombre, ni dans celui des différents secours qu'on peut y apporter, vous savez toutes ces choses, Nosseigneurs et Messieurs, et votre sagacité est aussi prompte à connoître le bien de la Province que votre zèle est ardent à l'opérer.

« Plus jaloux de servir utilement l'humanité que stimulé par l'intérêt, le suppliant se borne aujourd'hui à vous demander, Nosseigneurs et Messieurs, le titre d'oculiste survivancier du sieur Ollion, actuellement oculiste de la Province.

« Le suppliant ne s'arrêtera point à vous faire l'énumération de plus de 300 cures qu'il a faites à des personnes de tous les ordres, quelques-unes des plus remarquables se trouvent insérées dans un petit traité sur l'œil que cet artiste vient de donner au public. Sa capacité d'ailleurs est atestée par plusieurs médecins et chirurgiens et quantité d'autres personnes dignes de foi qui ont été présentes à ses opérations.

« Si vous daignez, Nosseigneurs et Messieurs, agréer le suppliant, ce sera fournir à son émulation un titre d'encouragement, qui ne manquera pas de donner lieu à de nouveaux efforts de sa part, pour servir efficacement la Province et justifier l'aveu de ses dignes administrateurs. Mais qu'est-il besoin de parler des avantages que retirerait la Province des services d'un oculiste survivancier, à des chefs illustres et généreux dont l'esprit éclairé pour le bien public ne connait d'autres bornes que celles qu'il est impossible à l'homme de franchir (1) ».

Une demande adressée par le sieur Carnelli, de Milan, à l'Assemblée générale en 1776, nous apprend que plusieurs grandes villes, Marseille, Nîmes, Montpellier, etc., pensionnaient un chirurgien-dentiste. Le sieur Carnelli sollicite, en style dithyrambique et encore plus ampoulé que les précédents, la place de chirurgien-dentiste de la Province.

Ces lettres sont assez curieuses au point de vue de la manière dont le XVIIIe siècle comprenait la réclame personnelle. Nous qui avons développé à un si haut degré l'art de la réclame, nous n'accepterions pas cependant ce *self-éloge* impudent et sans artifices dont la seule excuse est le mauvais goût de l'époque.

Après avoir déclaré, qu'excité par ses talents, il osait aspirer à la protection dont les membres de l'Assemblée honorent tous les artistes célèbres, le sieur Carnelli fait son historique en quelques mots :

« Né avec le goût de la chirurgie, il en fit sa première étude ; effrayé bientôt par l'immensité des connoissances de cet art, et jaloux de se rendre véritablement utile, il fixa tous ses soins à ce qui étoit relatif à la bouche et aux dents... C'est surtout

(1) Lettre manuscrite ni signée, ni datée. Il doit en manquer la fin Archives départ.

à Paris, ce petit monde, le centre de toutes les sciences et de tous les arts, qu'il fit un long séjour... L'amour de la patrie le rappeloit à Milan ; il portoit à ses concitoyens le fruit de ses études : les Provençaux doivent en profiter. C'est à Aix que son destin semble vouloir le fixer... Il habite Aix depuis quelques mois : il en aime les habitants et le climat ; mais dans tous les pays il faut du pain ; et un artiste attaché à son état veut du travail. Aix seul ne peut remplir ce double objet et il seroit volontiers le chirurgien-dentiste de la Province.

« Il ne fera pas l'éloge de ses talents... Les certificats sont là... Il ne fera pas l'éloge de son art. Qui ne connoit pas le mérite des dents? etc. Qui ne connoit pas le prix d'une bouche garnie et ornée de belles dents ? Ne fut-ce que pour cette portion précieuse de la Société qui fait les charmes et les délices de l'autre? Ne fut-ce que pour ce sexe aimable, si soigneux et si jaloux de la beauté, un chirurgien-dentiste ne serait-il pas précieux ? »

J'ai publié autrefois les *Honoraires des Médecins à Marseille au XVIIIe siècle* (1), d'après le registre des Actes de l'ancien Collège de médecine dont le Comité Médical des Bouches-du-Rhône se trouve aujourd'hui le dépositaire. Je n'ai pas de documents analogues sur les émoluments des chirurgiens à cette époque. Je n'ai trouvé que le tarif des taxes qui étaient attribuées aux témoins, aux médecins, aux chirurgiens ou aux experts entendus dans les affaires instruites aux frais du roi. Je ne cite que les articles qui concernent l'exercice de la médecine ou de la chirurgie.

« Arrest du Conseil d'Estat du Roy, qui règle le pied sur lequel seront taxés les salaires des témoins, médecins, chirurgiens et autres qui seront entendus, et dont le ministère sera nécessaire dans les procédures qui seront instruites aux frais de Sa Majesté (2).

(1) *Marseille Médical*, 1892.
(2) Reg. de l'Intendance, C. 2331. Arch. départ.

Du 23 janvier 1742

Extrait des registres du Conseil d'Etat

« Le Roy étant informé que les salaires des témoins entendus dans les procédures criminelles qui s'instruisent à la requête des procureurs de Sa Majesté, seuls parties, ensemble les taxes des salaires passées aux médecins, chirurgiens, experts, interprètes et autres dont le ministère est nécessaire pour l'instruction desdites procédures, sont réglés diversement dans les différens sièges où lesdites affaires sont portées : Et Sa Majesté voulant établir, à cet égard, une règle uniforme, Elle a fait dresser un tarif du pied sur lequel les dits salaires et frais seront dorénavant réglés, eu égard à l'indemnité qui leur est dûe seulement pour la perte de leur tems ou frais de leurs voyages. Sur quoi, ouï le raport du sieur Orry, conseiller d'Etat..............................

« Phelypeaux. »

Tarifs des salaires qui seront taxés aux témoins qui seront entendus dans les procédures qui se feront à la requête des procureurs généraux et des procureurs de Sa Majesté, seuls parties, lorsque lesdits témoins requerront taxe ; et aux médecins, chirurgiens, experts et autres dont le ministère sera nécessaire pour l'instruction desdites procédures.

« Sçavoir :

....

« 9. Les médecins seront payés des voyages qu'ils feront pour faire leur raport en justice, sur le pied de cinq livres par jour, compris leur raport, cy............ 5 liv.

Et pour leurs visite et raport dans le lieu même de leur résidence, cinquante sols, cy... 2 liv. 10 sols

« 10. Les chirurgiens, pour leur voyage, y compris leur raport, quatre livres, cy....... 4 liv.

Pour leur raport et simple visite dans le lieu de leur résidence, quarante sols, cy.......... 2 liv.

Et lorsqu'il y aura une exhumation à faire, ouverture de cadavre, ou autre opération plus difficile que la simple visite, il sera payé aux chirurgiens, outre leur voyage, s'il y en a, quatre livres, cy.......................... 4 liv.

« 11. Ne pourront les juges en aucun cas, ordonner qu'il soit fait de raport par plus d'un médecin et un chirurgien, ou deux chirurgiens au plus sans médecin.

« 12. Les experts, interprètes, sages-femmes et autres dont le transport, visite et raport seront nécessaires pour l'instruction des procès criminels, seront payés sur le même pied que les chirurgiens.

« Fait et arrêté au Conseil d'Etat du Roy, Sa Majesté y étant, tenu à Versailles le vingt-troisième jour de janvier mil sept cens quarante-deux. Signé : PHELYPEAUX.

« A Aix, chez la veuve de Joseph David et Esprit David, imprimeurs du Roy, du pays et de la ville. Au roy David, 1742. »

A titre de curiosité, je transcris la note suivante d'honoraires, adressée par maître Textoris au chapitre de Saint-Victor (1).

« Je prie monsieur l'administrateur du vénérable chapitre de Saint-Victor de faire remettre à M. Paul, m^e^ boulanger, dix charges de bled que ledit chapitre me donne annuellement pour mes honoraires qui ont écheu le quinze du mois d'août dernier et il obligera celuy qui est avec respect

« TEXTORIS, *m^e^ en chy^n^*.

« Marseille, le 16 octobre 1752 ».

Le nom de Me Textoris est lié à une crise assez violente qui agita la communauté des chirurgiens dans les dernières années du XVIIIe siècle, crise qui probablement ne fut pas la seule, mais sur laquelle nous possédons des documents très précis.

(1) Arch. départementales, Saint-Victor. Reg. 64, fol. 126.

Le sieur Textoris avait adressé à M. de Miromesnil, alors garde des sceaux, un mémoire au sujet des abus qu'il prétendait s'être introduits dans le corps des chirurgiens. Il attaquait surtout avec violence le lieutenant du premier chirurgien du roi, le sieur Bertrand. Son mémoire fut renvoyé le 31 janvier 1787 par le garde des sceaux à l'intendant de la Tour, qui était en même temps premier président du Parlement d'Aix, pour qu'il donnât des renseignements sur les faits incriminés. C'est la minute du rapport (1) qui fut adressé le 22 mai 1787 par l'intendant au garde des sceaux que j'ai pu copier dans les registres de l'Intendance.

Le sieur Textoris, dit l'intendant « impute au sieur Bertrand, lieutenant du premier chirurgien du Roy, d'exercer des concussions, d'admettre à prix d'argent des aspirans dont la capacité n'est pas légalement constatée, d'avoir induit une partie des officiers du Collège à le seconder dans ses manœuvres, d'injurier et de calomnier les autres membres qui ne sont pas de son avis, enfin d'avoir déclaré dans une assemblée qu'il ne se conformeroit jamais aux ordres du premier chirurgien du Roy.

« Pour prouver ce qu'il avance, le sieur Textoris a joint à son mémoire trois actes. Le premier est un exploit qu'il fit signifier, le 26 mars 1786, au sieur Bertrand, pour luy notifier qu'il s'opposoit à l'admission du sieur Buard, aspirant à la maîtrise, pour le quartier et hameau de Saint-Loup dans le terroir de Marseille. Le second est un autre exploit du 30 décembre de la même année, par lequel il interpella le premier prévôt de procéder, attendu la négligence du lieutenant, aux visites prescrites par les règlemens. Le troisième est une délibération du 4 janvier 1787, dont il résulte que le sieur Clergue avoit requis la suspension d'un acte d'immatricule du sieur Gay, aspirant à la maîtrise, et que malgré cette réquisition l'assemblée délibéra de passer outre.

« J'ay fait vérifier si les plaintes portées par le sieur Textoris

(1) Reg. de l'Intendance : chirurgie, carton 115.

étoient fondées. Il résulte des éclaircissements qui ont été pris, que la division a commencé dans le Collège de chirurgie à l'époque où le sieur Buard demanda d'être admis à la maîtrise pour le hameau de Saint-Loup. Le sieur Textoris s'étant opposé à l'admission de cet aspirant, le lieutenant convoqua dans la chambre de jurisdiction les sindics, le doyen, le conducteur et les autres membres du Collège, pour délibérer sur le parti qu'il convenoit de prendre. Le sieur Textoris, en la qualité de greffier de la jurisdiction, étoit présent à cette assemblée. La matière mise en délibération, il déclara qu'on pouvoit regarder son opposition comme non advenue. Il fit plus : il donna son suffrage au sieur Buard et signa l'acte de sa réception. On attribue ce changement subit à un motif d'intérêt et l'on prétend que le sieur Buard avoit payé d'avance au sieur Textoris dix livres pour l'expédition de ses lettres de maîtrise qui, suivant les règlemens, auroient dû être délivrées gratis. Le fait n'est pas juridiquement prouvé ; mais il est consigné dans une requête que le sieur Buard présenta au lieutenant en restitution de cette somme, sur le fondement que l'expédition de ses lettres de maîtrise luy avoit été ensuite refusée. Je joins ici une copie en forme de cette requête. Depuis lors le sieur Textoris n'a cessé de chercher à nuire au lieutenant. Lorsqu'il le dénonça comme un prévaricateur et un concussionnaire à M. de Miromesnil, il l'avoit déjà accusé auprès du premier chirurgien du Roy : 1° d'avoir déclaré dans une assemblée qu'il n'exécuteroit pas ses ordres relatifs aux visites à faire chez les maîtres pour l'enregistrement des élèves ; 2° d'exiger annuellement cent livres pour ces mêmes visites dont il se dispensoit ; 3° d'avoir vexé le sieur Chabert, aspirant à la maîtrise, qui avoit refusé de consigner cent livres, et de l'avoir privé du choix de son conducteur ; 4° enfin d'être en usage de valider, moyennant une rétribution pécuniaire, les certificats des aspirans qui ne sont pas en règle.

Ces accusations parurent trop graves au premier chirurgien du Roy pour ne pas les approfondir. Il en fit écrire le 26 janvier dernier à son lieutenant de Marseille, qui à la réception de cette lettre convoqua une assemblée générale du Collège. Elle fut très nombreuse. Après avoir exposé aux membres qui la composoient les quatre chefs d'accusation formés contre luy, le lieutenant entra en matière pour sa justification. Il interpella ensuite l'assemblée de déclarer s'il avoit prétendu éluder les ordres relatifs à la visite pour l'enregistrement des élèves, s'il ne s'étoit pas empressé au contraire d'annoncer cette visite aux maîtres et s'il ne s'étoit pas borné à leur témoigner qu'il seroit fâché de trouver quelqu'un d'eux en contravention. Il cita les règlemens qui luy attribuent pour ces visites un droit de quarante sols sur chaque maître et une délibération par laquelle le corps avoit abonné ce droit à cent livres par an. Mais il soutint que cet abonnement ne luy avoit jamais servi de prétexte pour se dispenser de remplir les devoirs de sa charge et il s'en rapporta au témoignage de l'assemblée.

Il rappella ce qui s'étoit passé pendant le cours des actes du sieur Chabert, aspirant à la maîtrise. Il est vrai, dit-il, que cet aspirant n'obtint pas la permission de subroger le sieur Textoris à son conducteur qui étoit mort. Mais d'après l'article 35 des statuts du Collège, la nomination des conducteurs est dévolue en pareil cas au lieutenant et aux prévôts. D'ailleurs quand même l'aspirant auroit eu la faculté de choisir, son choix ne pouvoit tomber sur le sieur Textoris qui étoit greffier de la jurisdiction et dont les fonctions étoient incompatibles avec celles de conducteur. C'est ce qui fut décidé par une assemblée générale du Collège.

« Sur le dernier chef d'accusation, le lieutenant observa qu'il ne dépendroit pas de luy de valider pour de l'argent les pièces produites par les aspirans. Ces pièces sont remises avant l'examen aux sindics qui dressent un rapport de leur forme et de leur contexture. Ce rapport est ensuite référé aux officiers et membres du Collège qui assistent à l'information de vie et mœurs. Ils jugent de la validité des pièces et du rapport même.

« Le lieutenant sortit de l'assemblée après avoir fait ces observations. Il fut délibéré d'une voix unanime de certifier qu'elles étoient entièrement conformes à la vérité et les sindics furent chargés d'adresser au premier chirurgien du roy une copie de la délibération comme un témoignage que tout le Collège croyoit devoir lui rendre de la bonne conduite et de l'honnêteté de son lieutenant.

« Le sieur Textoris étant entré après cette délibération et ayant pris lecture de l'exposé fait par le lieutenant, n'osa mettre aucune protestation : il fut même tellement effrayé de voir toutes ses imputations démenties par le Corps, qu'il désavoua le chef d'accusation relatif à la validation des pièces des aspirans. Je joins pareillement une expédition de cette déclaration.

Quant à la protestation du sieur Clergue envers l'acte d'immatricule du sieur Gay, il a été vérifié que le lieutenant ne fut pas le seul à la rejeter. Le Collège assemblé délibéra de n'y avoir aucun égard. Le motif de cette détermination fut que le sieur Clergue avoit été présent à l'examen des pièces fournies par cet aspirant et que, s'il les avoit trouvées irrégulières, il auroit dû en demander le rejet, au lieu de concourir à les admettre, comme il l'avoit fait.

« Tels sont, Monseigneur, les éclaircissements que je me suis procurés sur les plaintes du sieur Textoris. Il paroit qu'elles sont toutes dénuées de fondement et que ce chirurgien est un vray tracassier. Le lieutenant du premier chirurgien du roy réunit les suffrages de tous les membres du Collège de chirurgie, à l'exception du sieur Textoris qui s'est déclaré son ennemi. Il ne peut lui pardonner d'avoir decreté la requête du sieur Buard qui l'accusoit d'une surexaction et il tente de l'incriminer à son tour. Mais il est prouvé que les imputations contenues dans son mémoire ne méritent aucune attention. »

Les Collèges de chirurgie, outre leur existence individuelle qui embrassait la ville où ils étaient fondés et son district et territoire, avaient une sorte de juridiction sur les chirurgiens des petites villes ou villages des environs. Je n'ai pas entre les mains de pièces émanant du Collège de Marseille à l'adresse des bourgs ou villages de la contrée, mais j'ai déjà signalé la présence dans les archives communales de Cassis, d'un imprimé émanant en 1685 de l'Université d'Aix au sujet de l'exercice illégal de la chirurgie. Voici un autre document du même fonds, émanant aussi du Collège en chirurgie d'Aix et fournissant un exemple intéressant des rapports qu'entretenaient les centres chirurgicaux avec les petites villes de leur ressort par l'intermédiaire des consuls.

Le syndic du Collège d'Aix demande les éléments nécessaires pour faire le dénombrement des chirurgiens de la communauté de Cassis et fait informer ses confrères des conditions nouvelles que crée pour l'éducation des élèves la suppression des brevets d'apprentissage (1).

Imprimé adressé par les syndics du collège de chirurgie d'Aix à Messieurs le Maire et Consuls de Cassis :

A Aix, le 1er mars 1781.

« Messieurs,

« Chargé par M. le Premier Chirurgien du Roi de lui envoyer annuellement un état de tous les maîtres du ressort de notre Collège, j'ai l'honneur de vous prier de vouloir bien nous donner le nom de tous ceux qui exercent la chirurgie dans l'étendue de votre communauté.

« J'ai de plus l'honneur de vous prévenir, Messieurs, que Sa Majesté, par sa déclaration du mois d'avril 1772, a aboli les brevets d'apprentissage, pour ne plus confondre les élèves en chirurgie avec les simples artisans et a ordonné que ceux qui se destineront à l'exercice de cet art feront une déclaration de leur entrée chez les maîtres au greffe du premier chirurgien, représenté par son lieutenant à Aix, qui, après le tems fini, visera le certificat de service délivré par le maître.

(1) Archives communales de Cassis, 412 (Liasse), 11 pièces papier, 1 imprimé.

« Le collège de chirurgie a cru, Messieurs, que cet avis ne pouvoit que vous intéresser et il espère que vous voudrez bien en faire part aux maitres de votre communauté. Cette nouvelle formalité est indispensable et nous ne pourrions désormais admettre à la maitrise les sujets qui ne l'auroient point remplie.

« Je suis avec respect,

« Messieurs,

« votre très humble et très obéissant serviteur.

« Roure,

« *syndic du collège de chirurgie.* »

Les chirurgiens de province avaient d'autre part des rapports scientifiques et professionnels avec la capitale.

C'est ainsi que le 12 juin 1779, Necker (1) demanda le nom des médecins et chirurgiens attachés aux hôpitaux des principales villes de Provence, afin que la Société Royale de Médecine puisse, comme le désirait le roi, établir avec eux une correspondance qui permette d'ajouter de nouvelles lumières à celles des médecins des provinces et fournir le moyen de porter facilement et promptement les secours partout où ils seraient nécessaires.

Il annonçait dans sa lettre une instruction prochaine.

En 1782, les Echevins de Marseille échangèrent une correspondance (2) avec l'Intendant de la Tour au sujet d'une demande d'honoraires et d'arrérages de pension que les hoirs Ravaton prétendaient dus à leur aïeul Jacob Ravaton, chirurgien de Montpellier, qui était venu soigner les pestiférés de Marseille en 1720.

Leurs premières prétentions remontaient à 1750.

Le 12 décembre de la même année était intervenu un arrêt du Conseil rendu du propre mouvement du Roi, qui évoquait

(1) Arch. départ. Chirurgie.
(2) Arch. départ. Chirurgie.

à son Conseil ces mêmes demandes et toutes autres de pareille nature avec défenses à toutes les Cours d'en connaître.

Les petits-fils de Ravaton gardèrent le silence jusqu'en 1779 et introduisirent une nouvelle action devant la Sénéchaussée de Marseille. Le procureur de la communauté opposa des fins de non procéder basées sur l'arrêt d'évocation ; mais deux ans plus tard on reprit les poursuites en prétendant que l'arrêt d'évocation aurait dû être revêtu de lettres-patentes enregistrées au Parlement.

Les recherches faites par les échevins dans leurs archives indiquaient divers payements faits à Jacob Ravaton, dont les quittances et celles des autres médecins et chirurgiens avaient suivi le compte général des dépenses envoyés à l'intendant d'alors.

M. de la Tour conseilla aux échevins de faire consulter sur la conduite à tenir pour prévenir les inconvénients qui pourraient en résulter, surtout en raison des imitateurs nombreux qu'aurait pu susciter la réussite de prétentions aussi anciennes, mais la solution définitive de cette question de chicane ne nous est pas connue.

IV. — La réception des Maîtres en chirurgie

Cette cérémonie, qui a su nous divertir grâce à Molière, était cependant entourée de conditions qui reflétaient, comme l'organisation elle-même de la confrérie, le développement graduel des idées et le perfectionnement de la pratique chirurgicale. Nous n'avons de renseignements détaillés sur elle qu'à partir du XVIIe siècle. Auparavant, au XIIIe siècle, nous avons vu « les deux ou trois meilleurs médecins » être nommés, d'après les Statuts de Marseille, par le recteur ou les consuls avec charge d'examiner et de surveiller leurs confrères. Puis, les prieurs de la confrérie, lorsqu'elle fut constituée, recueillirent comme apanage de la prééminence que leur valait l'ancienneté, le droit d'assurer son recrutement et nous avons vu à quels débats donna lieu en 1627 ce droit qui leur était exclusif puisque leur charge était à vie. Nous tirerons les détails qui vont suivre des règlements de 1627 et de 1769 et de quelques pièces ultérieures. Nous verrons quelles étaient les conditions d'admissibilité aux examens, et en quoi consistaient ces examens.

1° Conditions d'admissibilité aux examens

On trouve au moyen âge un grand nombre de médecins et de chirurgiens juifs, dont plusieurs eurent même une certaine célébrité. Je ne sais comment concilier ce fait avec la condition requise des candidats par tous les règlements que je connais de professer la religion catholique. On demandait aussi un certificat de bonne vie et mœurs, et un certificat d'apprentissage.

Règlement de 1627. — *Les aspirants et de l'examen et de la réception d'iceulx :*

« 25°. Ceux qui aspirent à la maistrise de l'art de chirurgie seront tenus se présenter aux quatre maistres jurés, lesquels prendront information de la bonne vie, mœurs et relligion catholique, apostolique et romaine, et feront aparoitre d'avoir fait leur apprentissage chez un maistre de chef-d'œuvre et d'avoir servi en qualité de compagnon au moings trois ans, et du tout raporteront certiffication escripte des maistres où ils auront servi. »

Au XVIII° siècle, on avait multiplié les degrés de la pratique chirurgicale. On arrivait à la maîtrise par la *grande expérience*, qui seule donnait le droit d'exercer dans la ville de Marseille et ses faubourgs, et la *simple* ou *légère expérience* qui n'autorisait la pratique chirurgicale que dans les bourgs ou hameaux du district et territoire de Marseille. De plus, on avait réglementé l'aggrégation au Collège des maîtres qui avaient été reçus pour d'autres villes et on acceptait l'admission d'experts herniaires, de dentistes et de sages-femmes.

Le titre V du règlement de 1769 traitait « *des qualités requises pour parvenir à la maîtrise par la grande expérience et la forme de réception.* » Les conditions d'admissibilité étaient réglées par l'art. XXXIV. — « Les élèves en chirurgie qui voudront se présenter à la maîtrise pour la ville et faux-bourgs de Marseille, seront au moins âgés de vingt-deux ans, s'ils sont fils de maîtres, et de vingt-quatre s'ils ne le sont pas : il n'en sera admis aucun s'il n'est de la religion catholique, apostolique et romaine et issu d'un légitime mariage ou légitimé aux formes de droit. »

Les conditions d'apprentissage ou de stage ont été indiquées (pages 67, 75) avec les modifications qu'elles subirent en 1772 et 1784.

Pour les réceptions par la simple expérience (titre VI, art. LXVI), les aspirans devaient apporter « des certificats de bonne vie et mœurs, de religion catholique, apostolique et romaine, de quatre années d'exercice chez un maître ou dans les hôpitaux ».

L'agrégation était réservée aux maîtres en chirurgie et aux élèves gagnant maîtrise à l'Hôtel-Dieu. Elle était régie par le titre VII du règlement.

« Art. LXVIII. — Ceux qui auront été reçus maîtres pour une ville où il y aura archevêché ou évêché, pourront se faire aggréger au Collège de chirurgie de Marseille, pourvu qu'ils aient travaillé au moins dix années dans la première ville pour laquelle ils auront été reçus.

« Art. LXIX. — Ne pourra ladite aggrégation être accordée qu'à ceux qui, outre leurs lettres de maîtrise, rapporteront des certificats en bonne forme, tant du lieutenant du premier chirurgien du Roi et des prévots de la communauté établie dans la ville où ils auront été reçus et exercé leur profession, que du lieutenant et du procureur du Roi au baillage, sénéchaussée ou jurisdiction royale de ladite ville, lesquels certificats porteront qu'ils ont pratiqué l'art de chirurgie avec honneur et capacité et cependant le temps ci-dessus marqué... »

« Art. LXX. — Seront pareillement aggrégés et en la même

forme les élèves qui auront gagné leur maitrise par un service de six années dans l'Hôtel-Dieu de Marseille, lorsqu'ils auront été choisis et nommés conformément à l'article 65 ci-dessus ».

La question des garçons gagnant-maitrise à l'Hôtel-Dieu est une de celles qui ont le plus agité nos pères pendant le XVIIe et le XVIIIe siècle. A. Fabre (1) a longuement décrit les péripéties de la lutte que soutinrent d'une part les recteurs de l'hôpital, jaloux de conserver leur ancien privilège de choisir parmi leurs élèves un garçon chirurgien et un garçon apothicaire qui devenaient le premier, chirurgien après six ans et le second, apothicaire après quatre ans de service, et d'autre part les chirurgiens qui protestaient contre cette infraction à leurs règlements et voyaient avec peine entrer dans leur communauté ces protégés de l'hôpital qui étaient souvent des enfants trouvés. Les débats portaient sur le choix des gagnant-maitrise et sur leur réception à la maitrise, qui étaient primitivement laissés au bon plaisir des recteurs de l'Hôtel-Dieu. Louis XIV, en 1676, avait décidé que les gagnant-maitrise continueraient à être exempts de frais et de chef-d'œuvre, mais que leur réception n'aurait lieu qu'après un examen subi devant un médecin, un apothicaire et un chirurgien choisis par les directeurs de l'hôpital.

En 1730, les gagnant-maitrise furent tenus de se faire agréger à la communauté dans l'année qui suivrait leur sortie de l'hôpital, à peine d'être déchus de leur privilège, et cette condition fut maintenue dans le règlement de 1769, dont elle formait, comme nous l'avons vu, l'article LXX.

Le point le plus débattu était le choix du gagnant-maitrise. Les recteurs de l'hôpital tenaient essentiellement au droit de le nommer. Les chirurgiens insistaient pour que cette nomination fût mise au concours, et Maréchal, premier chirurgien du roi, dans les statuts qu'il fit dresser en 1730 pour les

(1) A. Fabre, *Histoire des Hôpitaux et des Institutions de bienfaisance de Marseille*, T. I, p. 254 et suiv. 1854.

chirurgiens de province, établit le principe très sage de la nomination au concours. Un instant les chirurgiens de Marseille parurent obtenir gain de cause et dans leur règlement de 1769, ils insérèrent, avec approbation du roi, l'article LXV qui réglait ainsi le choix du gagnant-maîtrise :

« Art. LXV. — Lorsqu'il sera nécessaire de choisir et nommer un chirurgien pour servir gratuitement les pauvres dans l'Hôtel-Dieu de Marseille en qualité de premier élève et pour y gagner par six années consécutives la maîtrise en chirurgie, on observera qu'il soit au moins âgé de 24 ans, qu'il soit de bonne vie, mœurs et religion, qu'il ait fait au moins pendant une année ses cours dans quelqu'une des écoles de chirurgie et servi sous les maîtres ou dans ledit hôpital ou autre pendant quatre années. Les aspirans à ces places seront examinés au concours par le lieutenant du premier chirurgien et par les quatre prévôts, en présence des gouverneurs et administrateurs dudit Hôtel-Dieu, du substitut du procureur général du roi et des médecins dudit hôpital. »

Les recteurs, appuyés par les échevins, recteurs-nés de l'Hôtel-Dieu, firent une telle opposition qu'ils arrivèrent à obtenir du Conseil d'Etat, le 13 avril 1771, le rejet de cet article et envers et contre tout conservèrent, jusqu'à la Révolution, le droit de choisir le gagnant-maîtrise. Rappelons que parmi ces gagnant-maîtrise figurent Méliey et Moulaud, qui prouvent que les recteurs surent faire bon emploi du privilège qu'ils mirent tant d'énergie à défendre !

Si les chirurgiens ne purent arriver à leurs fins dans la question du gagnant-maîtrise à l'Hôtel-Dieu, ils furent plus heureux à l'égard des Chirurgiens de peste dont le privilège n'est plus admis. Le règlement de 1769 est formel : il exige, pour l'obtention du grade, un certificat d'études suffisamment prolongées ou un examen d'agrégation si le candidat possède déjà le grade.

Il s'occupa aussi de la réception des sages-femmes qui jusque-là semblent avoir pu exercer sans contrôle suffisant.

Il exigea d'elles (art. LXXIV) « un apprentissage chez une maitresse sage-femme de la ville, ou autre ville capitale, pendant deux années ou pendant une année chez un maitre en chirurgie, ou le même temps dans un hôpital où il y ait lieu de s'occuper dans cet art, ou enfin pendant trois mois dans l'Hôtel-Dieu de Paris.

« Art. LXXV. — Ne sera admise aucune aspirante à la maîtrise pour la ville et fauxbourgs de Marseille, qu'elle ne soit munie d'un des certificats ci-dessus spécifiés, bien et duement légalisés, qu'elle ne soit de la religion catholique, apostolique et romaine, qu'elle ne sache lire et écrire et qu'elle ne soit âgée au moins de 25 ans.

« Art. LXXVI. — Les brevets d'apprentissage seront faits par un acte public chez notaire, et ceux qui se feront chez les maitres chirurgiens et chez les maitresses sages-femmes de la ville de Marseille, seront enregistrés dans un mois de leur passation au greffe du premier chirurgien dans ladite communauté, à peine de nullité et sera payé pour tous droits au greffier, 3 livres. »

2° Les Examens

Jusqu'au commencement du XVIIe siècle, l'aspirant qui réunissait les conditions requises, et c'étaient les quatre maitres jurés qui devaient s'en informer, était aussi examiné par eux au point de vue professionnel.

A la suite de la longue discussion qui eut lieu en 1627 devant le Lieutenant civil et criminel, tous les maitres furent admis à interroger et voici les dispositions qui furent prises :

« 26° Estant treuvé de la qualité sera admis à l'examen et lui sera donné jour, et par mesme moyen pour faire successivement les huit examens requis et ordonnés, et ce en présence du plus encien des quatre médecins ordinaires de la Ville, et auxquels examens tous les maistres de chef d'œuvre auront droit de pouvoir entrer, adsister et examiner.

« 27° Mais pour esviter la confusion et la longueur qui s'y

rencontréroit, si en tous les examens tous les maistres adsistants pouvoient examiner et interroger, il est ordonné que en chasque examen, il n'y aura que huit qui interrogeront, sçavoir les quatre jurés et quatre aultres maistres qui seront changés en chaque examen par ordre et droit d'encienneté, et de cette façon faire passer le (1)......, en sorte que par ce moyen tous interrogeront et aulcunz d'eulx plus d'une foys.

« 28° Sur l'approbation de chascung des diets examens sera délibéré et opiné par les maistres qui auront adsisté ; chascung desquels aura voix et opinion délibérative, et sy l'examen est apreuvé on passera au second, sy non on le fera refaire tant de foys que bon semblera aux diets maistres, lesquels seront exortés d'y procéder avec toute candeur et sans émulation, et ceulx des maistres qui seront suspects pour parenté ou alliance considérable ou inimitié seront tenus abstenir et laisser faire le jugement aux aultres »,

Le règlement avait sommairement déterminé le programme de chaque examen pour qu'il « ne soit point vague et dans l'incertitude, et que l'aspirant aye subject de se bien préparer ».

« 29° Au premier examen sera l'aspirant interrogé sur les choses plus naturelles et universelles qu'on appelle communément introduction à la chirurgie par Me Guidon de Chauliac en son chapitre singulier et par ses interprètes.

« 30° Le second examen se fera aussi sur les aultres universalités, maximes générales et termes commungs de l'art, affin de reconnoistre si l'aspirant y est versé, et s'il a l'introduction et cognoissance générale de la profession en laquelle il se destine.

« 31° Et pour ce que après les deux examens on a toujours accoustumé que l'aspirant avant passer plus oultre, fait faire quatre fers de lancettes pour les quatre maistres jurés et les fait présenter à la compagnie des aultres et du docteur en

(1) Mot illisible dans le texte.

médecine, il est ordonné que la diete coustume sera observée de point en point (1).

« 32° Le troisième examen se fera sur l'anathomie avec les démonstrations nécessaires du corps humain et parties d'icelluy.

« 33° Le quatriesme sur les tumeurs contre nature tant en général qu'en particulier avec opération servant de démonstration à l'issue de la sepmaine du second maistre.

« 34° Le cinquième sur les plays et solution de continuyté, ou se tratera des bandages, suptures ou coustures à l'issue de la sepmaine du troisiesme maistre.

« 35° Le sixième sur les ulcères tant en général qu'en particulier à l'issue de la sepmaine du quatriesme maistre.

« 36° Le septiesme sur les fractures et dislocations et sur le sixiesme traité de M. Guidon faisant mention de plusieurs grandes malladies chirurgicales et auquel examen on fera, comme il est accoustumé, quelque chef d'œuvre et opération convenable aux malladies contenues au dict traité.

« 37° Le huitième et dernier se fera sur l'antidote, saignées, ventouses, sangsues et médicaments thopiques et chirurgicaux ; ce qui se pratiquera aussi en la personne des fils de maistres, ainsy qu'on a accoustumé, et les stimuler à estudier ».

Quand les examens avaient été subis avec succès et « que l'aspirant sera esté recogneu et jugé suffisant et capable », on lui délivrait ses lettres de maîtrise signées suivant la coutume par le « medecin encien et maistres jurés ». Puis il prêtait le serment de « garder les ordonnances, statuts et présent règlement et faire sa vacation sincèrement et en homme de bien, conformément au *jusjurandum Hipocratis* ».

Avant de prêter serment, les usages anciens avaient établi

(1) A Toulouse, si les lancettes n'étaient pas trouvées suffisantes les bailles (prévôts) rompaient leurs pointes et le candidat en faisait d'autres (art. 28). Si elles étaient admises, le candidat allait pendant un mois à l'hôpital Saint-Jacques pour « abiller aucuns malades en présence du maistre qui pour lors aura la charge dudit hopital.» Art. 29. (Pifteau.)

que le nouveau maitre faisait un cadeau au médecin, aux quatre jurés et aux quatre maitres qui avaient pris part aux épreuves de sa réception. Il était « tenen donner ung chapeau garni et quatre escus sezains et ung paire de gans pour chascung » des maitres jurés et au médecin ; et aux « aultres maistres qui auront adsisté ung paire de gans seulement ». Enfin, avant d'ouvrir sa boutique il payait dix-huit livres à la Luminaire des saints Cosme et Damien.

Au XVIIIe siècle, la *grande expérience*, qui seule donnait le droit d'entrer dans le Collège de chirurgie et d'exercer en ville, fut entourée d'une série de formalités et présenta un nombre d'examens dont la complexité fit naître une coutume nouvelle et singulière, celle du *conducteur*.

Chaque candidat (1) devait faire choix parmi les maitres ayant au moins six années de réception d'un conducteur qui devait l'accompagner dans tous ses actes, sans pouvoir ni l'interroger, ni donner sa voix pour l'admettre ou le refuser. Le conducteur ne pouvait conduire plus d'un aspirant à la fois. Ses honoraires étaient les mêmes que ceux d'un prévôt : il en était privé au profit de la bourse commune, s'il n'était présent à tous les actes et examens de son candidat, sauf maladie ou cause légitime bien et dûment prouvée. En cas d'absence ou de négligence dans ses fonctions, il y était pourvu par le lieutenant et les prévôts.

Les candidats (2) pouvaient se présenter en tout temps. Dans le concours entre eux, les maitres ès arts avaient le premier rang sur tous les autres ; entre les maitres ès arts, les fils de maitres avaient la préférence et les autres suivant la date de leurs lettres de maitrise ès arts ; entre ceux qui n'étaient point gradués, le premier rang était pareillement donné aux fils de maitres, les fils des anciens préférés à ceux des modernes et les autres suivant la date de leurs services.

Une fois son conducteur choisi (art. XXXVII), le jeune aspirant allait avec lui trouver le greffier pour se faire dresser

(1) Art. XXXV, Règ. 1769.
(2) Art. XXXVI, Règ. 1769.

une requête, qui devait être munie des signatures du greffier, du conducteur et de la sienne. Assisté du conducteur, il allait la présenter au lieutenant du premier chirurgien, en même temps que les autres pièces exigées : l'extrait baptistaire, les certificats de vie, mœurs et religion, ceux de cours et de services. Si le lieutenant répondait par un « soit communiqué aux Prévôts », ceux-ci informaient sur les qualités de l'aspirant et donnaient leur avis par écrit, après en avoir fait leur rapport au Conseil.

Si les certificats étaient trouvés valables et si les prévôts répondaient favorablement à la requête du candidat (art. XLIII), le lieutenant lui fixait le jour où il devait adresser une supplique à l'assemblée générale. Entre temps, le candidat, accompagné de son conducteur, allait faire visite à tous les maîtres pour les rendre favorables à sa cause et leur demander « de supplier dans l'assemblée générale ».

Commençait alors « le cours de la réception par la grande expérience », qui, d'après l'article XLII, était « composée d'un acte d'admission de la supplique, d'une immatricule, d'une tentative ou premier examen, des actes de cinq semaines, d'un dernier examen appelé de rigueur et enfin d'une prestation de serment, sans que cet ordre puisse être changé sous quelque prétexte que ce soit. » Chacune de ces cinq semaines gardait la dénomination des matières qu'on y traitait, c'est-à-dire que la première était « appelée semaine d'ostéologie et de maladie des os ; la seconde, semaine d'anatomie et d'opérations ; la troisième semaine des bandages ou appareils ; la quatrième, semaine des saignées ; et la dernière, celle des médicaments. »

Si la supplication du candidat (art. XLV) était admise dans l'assemblée générale, il lui en était donné acte et en même temps on lui indiquait un jour précis pour l'examen appelé *sommaire* ou d'immatricule. Il se retirait alors par-devant le lieutenant pour avoir les billets de convocation qui, pour tous les actes (art. XLIV) indiquaient les jours et heures, et devaient être dressés et écrits ou remplis par le greffier, signés et délivrés par le lieutenant. Pour tous les examens, ces billets devaient être portés par le candidat assisté de son conducteur huit jours avant de les subir. Exception était faite pour les billets de l'examen sommaire ou d'immatricule, qui pouvaient être portés la veille (art. XLV) et pour ceux de la semaine d'anatomie et d'opérations, qui pouvaient être portés la veille ou le jour même du premier acte de cette semaine (art. XLIV).

L'examen sommaire ou d'immatricule se passait devant le lieutenant et les prévôts (art. XLVI). L'aspirant était interrogé sur les principes de la chirurgie, et s'il était jugé suffisant et capable à la pluralité des voix, le lieutenant ordonnait qu'il fût immatriculé sur les registres et « renvoyé à un mois pour son premier examen, lequel ne pouvait être différé tout au plus de deux mois, à compter du jour de l'immatricule, à peine de nullité. »

Lorsque le moment était venu, le candidat se présentait avec son conducteur à l'Hôtel-Dieu pour subir dans la chambre commune sa tentative ou premier examen. Celui-ci comprenait deux actes que l'on soutenait à deux jours d'intervalle, en présence du médecin royal de la ville, devant un jury qui présentait pour chacun des actes une légère modification. Il était présidé par le lieutenant du premier chirurgien à la droite duquel se trouvait le médecin royal et il comprenait avec les prévôts et le doyen, quatre maîtres tirés au sort parmi les anciens (art. XLVIII) pour le premier acte et quatre maîtres tirés au sort parmi les modernes (art. XLIX) pour le second. Chacun des juges, « en commençant par le lieutenant, les Prévôts, le Doyen et les autres maîtres, suivant leur rang d'ancienneté », interrogeaient à leur choix, au moins pendant une demi-heure, « sur les principes de la chirurgie, savoir : sur la physiologie, l'hygiène, la pathologie et la thérapeutique en général, » pour le premier acte. Pendant le second acte, les interrogatoires, faits en la même forme, portaient « sur la pathologie en particulier, et sur le général et le particulier des tumeurs, plaies et ulcères. »

L'acte fini (art. LI), l'aspirant se retirait : le lieutenant ou celui qui présidait en son absence recueillait les voix sur la capacité ou l'incapacité du sujet. S'il était trouvé incapable à la pluralité des voix, il était renvoyé à trois mois pour subir le même examen sans frais ; au contraire, s'il était jugé capable, aussi à la pluralité des voix, il était admis à faire deux mois après les actes de la semaine d'ostéologie et de maladies des os. Ces actes étaient suivis à des intervalles plus ou moins grands par ceux des autres semaines. Pour les actes des semaines, le jury était composé avec le lieutenant, les prévôts et le doyen, de deux maîtres pris « à tour de rôle dans le nombre des présents pour chaque examen, l'un parmi les anciens, l'autre parmi les modernes, suivant l'ordre du tableau (art. L). » Le refus et l'admission des candidats étaient décidés en observant les dispositions déjà décrites.

La semaine d'ostéologie (art. LII) comprenait deux actes séparés par deux jours d'intervalle. L'un était « pour la démonstration des os du corps humain et l'autre sur toutes les opérations nécessaires pour guérir les maladies des os ». Le candidat était tenu de « porter, pour raison de ce, un squelette humain, qui servait pour chaque acte ».

Les actes de la seconde semaine ou semaine d'anatomie, ne pouvaient avoir lieu, à cause des opérations sur le cadavre, que depuis la Toussaint jusqu'au 15 avril. Pour obtenir le cadavre nécessaire à ses travaux pratiques, l'aspirant présentait au lieutenant une requête signée de lui et de son conducteur, par laquelle il lui demandait qu'il lui fût fourni un cadavre. Les lieutenant et prévôts se pourvoyaient « en conséquence par requête aux administrateurs de l'Hôtel-Dieu, pour leur être délivré gratuitement un cadavre de ceux qui seront décédés dans ledit hôpital. » (Art. LIII).

La semaine d'anatomie et d'opérations était composée de huit jours consécutifs, pendant lesquels l'aspirant travaillait soir et matin dans la chambre commune, le matin, sur toutes les parties de l'anatomie, et le soir aux opérations de chirurgie : huit jours après ladite semaine finie, l'aspirant, sans être tenu de porter de nouveaux billets, subissait un examen sur toute l'anatomie et sur les opérations de chirurgie qu'il avait dû exécuter. (Art. LIV).

La semaine des bandages se faisait « en deux actes, à deux différents jours, l'un sur le manuel des bandages et appareils pour les opérations chirurgicales, tant des parties dures que des parties molles ; et le second sur la théorie desdits bandages et appareils ». (Art. LV).

Pendant la semaine des saignées (art. LVI), avaient lieu à deux jours différents, deux actes, « l'un sur la théorie et la pratique des saignées, et l'autre sur la théorie et la pratique des ventouses, sétons, cautères, vésicatoires, saignées et autres espèces de topiques ».

Dans la semaine des médicaments, enfin (art. LVII), l'aspirant soutenait « deux actes à différens jours, le premier sur les médicamens simples, le second sur les médicamens composés qui peuvent avoir relation à la chirurgie ».

Les actes des semaines étaient achevés. Si leur résultat avait été favorable, l'aspirant présentait au « lieutenant une requête signée de lui et de son conducteur, laquelle était communiquée aux prévôts, à l'effet d'être admis au dernier examen au jour fixé par le lieutenant ». (Art. LVIII).

Ce dernier examen ou examen de rigueur était public. Le médecin royal venait de nouveau le rehausser de sa présence, et le jury, plus nombreux que pour les actes précédents, comprenait avec le lieutenant et les prévôts, « six maîtres tirés au sort, savoir : trois entre les anciens et trois entre les modernes ». Ils interrogeaient l'aspirant, « chacun selon leur rang, sur la pratique de la chirurgie et principalement sur les rapports en chirurgie ». L'acte fini, le Lieutenant proposait au candidat un ou plusieurs sujets de rapports, auxquels il était tenu de satisfaire sur le champ, « en dressant et écrivant de sa propre main les rapports revêtus de toutes les formalités et conditions requises nécessaires pour leur validité (art. LIX) ». Si le candidat était jugé capable à la pluralité des voix, il était reçu maître, en prêtant le serment accoutumé entre les mains du lieutenant du premier chirurgien ou de celui qui présidait en son absence et l'acte de réception était dressé, rédigé et transcrit par le greffier sur le registre des réceptions. Dans cet acte de réception étaient visées toutes les pièces qui concernaient le candidat : ses extraits baptistaires, ses attestations de vie, mœurs et religion catholique, apostolique et romaine, ses certificats d'étude et de services, les attestations des maîtres sous lesquels il avait travaillé, soit des administrateurs des hôpitaux où il avait servi ou des chirurgiens-majors des armées dans lesquelles il avait exercé sa profession pendant le temps ci-dessus prescrit, la légalisation de ces attestations, ainsi que le nombre et la qualité des examens subis et autres actes probatoires. L'acte de réception était enfin signé par le lieutenant du premier chirurgien et les prévôts ainsi que par tous les maîtres qui avaient reçu des droits comme présents aux actes de l'aspirant (art. LX). Le lieutenant faisait délivrer au nouveau maître, par le greffier, ses lettres de maîtrise en parchemin, lesquelles étaient scellées par le lieutenant, signées seulement de lui et contresignées par le greffier. Il était fait mention dans ces lettres de maîtrise généralement de tous les certificats, examens, actes probatoires et signatures portées en l'acte de réception ainsi qu'il a été dit. Le nouveau maître pouvait ensuite faire enregistrer, si bon lui semblait, ses lettres de maîtrise au greffe de police.

Une des dispositions les moins curieuses du règlement de 1769 n'était certainement pas celle qui prévoyait le cas où un candidat refusé se prétendait capable. On s'était efforcé, tout en lui assurant l'impartialité de nouveaux juges, de réserver à ses anciens juges un contrôle moral sur le nouvel examen.

« Art. LXIV. — Si l'aspirant est refusé dans quelque examen et qu'il se prétende capable, il se fera donner un acte de refus et se pourvoira devant le premier Chirurgien pour subir les mêmes examens et achever sa réception, si le cas y échet, dans le collège de Saint-Cosme, à Paris, s'il juge à propos de s'y transporter ; autrement il lui sera nommé d'autres examinateurs dans la ville d'Aix ; sera permis en ce cas au Collège des maîtres en chirurgie de Marseille de députer, si bon lui semble, deux de ses membres pour assister au nouvel examen que le candidat subira à Aix, sans néanmoins que ces députés puissent y avoir voix ni suffrage pour le refus ou l'admission de l'aspirant : et si celui-ci est jugé capable dans ce nouvel examen, il lui tiendra lieu de celui dans lequel il aura été refusé à Marseille, sans pouvoir rien répéter des droits qu'il aurait payés pour l'acte dans lequel il aurait été refusé ».

Si la *grande expérience* qui menait à la maîtrise était entourée de garanties de justice et d'équité, il faut reconnaître qu'elle n'avait pas le mérite de la simplicité et je pense que l'institution des *conducteurs* n'eut pas d'autre motif que la complexité des démarches que nous avons décrites. L'aspirant livré à lui-même eût bien difficilement pu suivre sans erreur cette longue série de formalités, requêtes à présenter, billets de convocation à distribuer, visites préparatoires aux examens, non moins compliqués eux-mêmes.

Je regrette de n'avoir pu trouver un acte de réception qui, en nous indiquant les questions posées, nous aurait permis de juger dans la pratique ce programme si minutieusement réglé et si imposant en théorie. Les archives de l'Hôtel-Dieu contiennent quelques lettres de maîtrise mais appartenant à des chirurgiens étrangers à Marseille.

J'ai déjà publié celle qui avait été délivrée, à Saint-Malo, à Arnault Senderen (1), chirurgien navigant. Elle ne contient aucun détail sur les épreuves subies par le candidat. Il n'en est pas de même de celle du sieur Borrel, qui fut reçu maître en chirurgie à Saint-Marcellin (Isère), le 2 mai 1725 (2).

« Nous, Claude Giroud et Jean-Baptiste Dausson, maîtres chirurgiens jurés de Saint-Marcellin et de son ressort, à tous ceux qui les présentes lettres verront salut, sçavoir faisons que sur la requeste à nous présentée par sieur Claude Borrel,

(1) Arnault Senderen, maître en chirurgie navigant (1665-1740), *Marseille Médical*, 1900, n° 2, p. 50.

(2) Archives hospitalières, Hôtel-Dieu, VI, F, 44.

le 2e may mil sept cent vingt-cinq, faisant profession de la religion catholique, apostolique et romaine, natif de Tournon, diocèse de Valence, lequel désirant satisfaire à l'édit de Sa Majesté du sixième febvrier mille six cent nonante-deux, et ensuite des statuts faits par les maîtres chirurgiens dudit Saint-Marcellin du 9 septembre 1672, nous auroit requis à ce qu'il nous plût le recevoir à ses expériences et opérations suivant lesdits statuts et règlements, sur quoi nous aurions icelluy sieur Borrel receu à l'examen, et pour cet effet l'aurions ouy et interrogé en présence de M. Maître Louis Richon, docteur en médecine, dans l'hostel de nous François Robin Dutruchey, Conseiller du roi, Lieutenant général de police, Capitaine chatellain royal dudit Saint-Marcellin. Les dits interrogats luy ayant été faits par nous dit Giroud, sçavoir en premier lieu ce que c'est que squelette ; en second lieu, sieur Jean-Baptiste Dausson, sur la nature des playes tant simples composées, que compliquées ; en troisième lieu, sieur Humbert Berthaud, maître chirurgien, l'auroit interrogé sur la phlébotomie ; en quatrième lieu, sieur François Chabert, aussy maître chirurgien, l'auroit interrogé sur la nature des phlegmons, érésipèles, œdèmes et squire et sur la cure d'iceux, sur tout quoy le sieur Borrel nous auroit très pertinemment répondu. Lui ayant donné pour chef-d'œuvre la réduction de la fracture Raphanidon, lequel sieur Borrel nous a répondu théoriquement de quelle manière on rétablissoit la dite fracture, ce fait à cause de ce *ayant été trouvé capable* d'exercer l'art de chirurgie, nous l'avons receu et admis, recevons et admettons maître chirurgien du lieu suivant nos dis statuts, et à cet effet permis de tenir bouttique ouverte, pendre bassins, jouir des privilèges et franchises, comme les autres maîtres chirurgiens, à la charge de garder et observer lesdits statuts et après que dudit sieur Claude Borrel, nous dit lieutenant général de police, capitaine chatellain royal susdit, aurions fait pretté le serment en tel cas requis de bien et fidellement exercer ledit art, et de servir les pauvres gratis : ce qu'il a promis de faire moyennant son dit serment, nous dits Giroud et Dausson, luy avons octroyé et octroyons ses lettres de maitrise. En foy de quoy nous avons signé ces présentes pour luy servir et valloir ce que de raison et fait contresigner par nostre greffier à ce commis audit Saint-Marcellin. En Dauphiné, le troisième juillet mille sept cent vingt-cinq.

« RICHON, médecin GIROUD, M^e^ juré J.-B. DAUSSON, M^e^ juré

BERTHEAUD DAUSSON CHABERT

ROBIN DUTRUCHEY,
lieutenant général de police, capitaine chatelain royal.

DAUSSON, greffier. »

On retrouve dans cette pièce qui nous indique les usages d'un Collège de chirurgiens assez éloigné du nôtre, plusieurs points de ressemblance avec les coutumes marseillaises. Le jury, composé des maitres jurés et de deux autres maitres, interroge le candidat en présence du docteur en médecine qui reste étranger à l'examen, et qui cependant appose sa signature sur la lettre de maitrise. Mais combien plus faciles étaient les épreuves que l'on subissait à Saint-Marcellin, du temps même où la réception à Marseille était régie par le règlement de 1627, puisqu'elle ne comportait qu'un seul examen au lieu de huit.

Simple expérience. — La *réception par la simple expérience* se passait (art. LXVI) devant le Lieutenant, les prévôts, le doyen et un des maitres pris à tour de rôle parmi les anciens suivant l'ordre du tableau. Elle comprenait « deux examens différents à un jour de distance l'un de l'autre et de trois heures chacun, que l'on passait dans la chambre commune. » Le premier portait sur les principes de la chirurgie, les maladies des os et l'anatomie, le second sur les saignées, les apostesmes, les plaies, les ulcères et les médicaments. Si le candidat était jugé capable, il prêtait serment et payait les droits prévus. Les formalités pour les actes de réception et pour les lettres de maîtrise étaient les mêmes que pour la grande expérience (art. LXVII). Les certificats et examens devaient être visés tant dans les actes de réception que dans les lettres de maîtrise que le nouveau chirurgien était tenu de faire enregistrer au greffe de police de Marseille.

Agrégation. — Les maîtres qui sollicitaient l'agrégation étaient admis « par le Lieutenant du premier chirurgien et par les prévôts, en présence des maîtres du Collège seulement, après avoir subi un examen de trois heures sur les principales parties de la chirurgie. » L'acte de leur agrégation était inscrit sur le Registre et dans l'expédition qui leur en était donnée, leurs premières lettres de maîtrise, leurs certificats et l'acte qu'ils avaient subi, étaient visés ; après quoi, ledit maître agrégé faisait enregistrer ses nouvelles lettres, si bon lui semblait, au greffe de la police (art. LXIX).

Les maîtres agrégés étaient inscrits sur le catalogue du jour de leur agrégation : ils prenaient rang après le dernier reçu et jouissaient des mêmes droits, privilèges, franchises et prérogatives que les autres maîtres reçus agrégés et établis dans la ville, faubourgs, district et territoire de Marseille (art. LXXI).

Experts. — Les *experts* étaient examinés (art. LXXII) par le Lieutenant du premier chirurgien, les prévôts, le doyen et deux maîtres tirés au sort, l'un parmi les anciens, l'autre parmi les modernes. On n'exigeait de ces diverses catégories d'opérateurs : dentistes, herniaires, renoueurs, aucun titre, aucun certificat, ni aucun droit. Les réfractaires, comme le sieur Chapuys, dont j'ai parlé, avaient mauvaise grâce de ne pas se conformer au règlement du Collège de chirurgie.

Sages-Femmes. — Les qualités et formalités requises pour la réception des sages-femmes étaient plus sérieuses. D'après l'article LXXVII, les aspirantes présentaient au lieutenant du premier chirurgien une requête signée d'elles et d'un des maîtres chirurgiens de Marseille, avec leur extrait baptistaire et leurs certificats de vie et mœurs, de religion catholique, apostolique et romaine. La requête était « répondue d'un soit communiqué aux prévôts, pour y donner leur consentement » : après quoi l'aspirante se présentait à la Chambre commune, aux jour et heure marqués par le Lieutenant, où elle était examinée pendant trois heures par le Lieutenant, les prévôts et le doyen « sur la matière des accouchements en deux différents jours de la même semaine ; et sera reçue si elle est jugée capable, en prêtant serment, et en payant les droits ci-après fixés pour les sages-femmes de la ville. » Défenses sont faites à aucune de celles qui ne sont pas reçues d'exercer l'art des accouchements, avant d'avoir passé les épreuves ci-dessus à peine de 300 livres d'amende (art. LXXVIII). « A l'égard de celles qui voudront exercer l'art des accouchements dans les quartiers, bourgs et hameaux du district et territoire de Marseille, elles seront interrogées par le Lieutenant, les prévôts et le doyen sur la matière des accouchements, pendant deux heures, en présence des maîtres, et seront reçues, en prêtant le serment ordinaire, et en payant les droits ci-après fixés, au cas qu'elles en ayent les moyens, sinon elles seraient reçues gratuitement, en rapportant un certificat de pauvreté signé de leur curé. »

« Article LXXIX. Sera délivrée aux unes et aux autres, ainsi qu'aux experts, herniaires et dentistes, par le greffier une expédition en forme de leur acte de réception, signée du Lieutenant du premier chirurgien. »

Nous ne sommes que très imparfaitement renseignés sur les droits qui étaient payés pour la grande expérience au XVIIIe siècle. L'article LXXX du règlement de 1769, qui fixe ces droits, est annoté comme rejeté par arrêt de la Cour du 2 décembre 1772 lors de l'enregistrement du règlement. Voici les dispositions qu'il fixait :

« Il sera payé au Lieutenant du premier chirurgien pour la première requête 4 livres et au greffier, 3 livres.

« Pour les billets de convocation à l'immatricule, 3 livres au lieutenant et au greffier 2 livres ; ce qui sera pareillement observé pour les billets de convocation des sept examens suivants, savoir : pour le premier et dernier examen et les cinq convocations pour les actes des cinq semaines.

« Il ne sera rien payé pour les billets de convocation de l'acte de vie et mœurs, ou admission de la supplique, non plus que pour ledit acte.

« Pour l'immatricule : au Lieutenant, 6 livres ; aux prévôts, doyen et greffier 3 livres pour chacun, et 30 sols à chacun des maîtres présents.

« Pour le premier acte du premier examen au Lieutenant, 10 livres, aux prévôts, doyen, greffier et examinateurs, à chacun 5 livres ; et 2 livres à chacun des maîtres présents.

« Pour le second acte du même examen, pareils droits que pour le premier.

« Pour les deux actes de la semaine d'ostéologie, pareils droits que pour ceux du premier examen.

« Pour la requête aux fins de la visite du cadavre, pareils droits que pour la première requête.

« Pour la semaine d'anatomie, il sera payé par l'aspirant pour chacun des huit actes de ladite semaine, la moitié des droits fixés pour un des actes du premier examen.

« Pour l'examen général de la semaine d'anatomie, pareils droits que pour l'immatricule.

« Pour les deux actes de la semaine des bandages, pareils droits que pour ceux du premier examen.

« Pour les deux actes de la semaine des saignées, pareils droits qu'au précédent.

« Pour le dernier examen, pareils droits qu'aux deux actes du premier.

« Au médecin, pour les quatre assistances, 12 livres ; plus, l'aspirant payera la somme de 600 livres pour la bourse commune et donnera à chacun des maîtres présents à sa prestation de serment une paire de gants blancs et un jeton d'argent du prix de 30 sols, où seront gravées d'un côté la façade de l'amphithéâtre, avec la légende et inscription relatives, et au revers la légende « *Regnante Ludovico XV, auxiliis D. D. de la Martinière, equitis, consiliarii et primarii Regis chirurgi, 1769* ».

On voit que si l'usage du cadeau s'était maintenu, les droits monnayés avaient singulièrement augmenté. A. Fabre parle, sans citer la source où il a puisé ce chiffre, d'un droit de cent livres pour la grande expérience. On décuplerait environ la somme si on faisait le total de tous les droits qui sont prévus dans le paragraphe précédent, et cette somme eût été considérable pour l'époque.

La simple expérience coûtait environ 71 livres.

« Art. LXXXI.— Droits pour la légère et simple expérience, pour les quartiers et hameaux du territoire ou district de Marseille. Au Lieutenant pour tous droits, 39 livres ; aux prévôts, doyen et examinateurs, à chacun, 6 livres ; au greffier, 15 livres ; 5 livres au médecin et 20 livres à la bourse commune.

« Art. LXXXII. — Droits pour les aggrégations. Les chirurgiens qui se feront aggréger au Collège des maitres en chirurgie de Marseille, payeront le tiers de tous les droits fixés pour la grande expérience, tant aux Lieutenant, prévôts, doyen et greffier, qu'à tous les maitres présens, et la moitié à la bourse commune.

« Art. LXXXIII. — Pour les experts. Les experts qui se feront recevoir payeront au lieutenant, 20 livres ; aux prévôts et doyen, à chacun, 6 livres ; au greffier, 15 livres ; et à la bourse commune, 200 livres.

« Art. LXXXIV. — Les sages-femmes qui se feront recevoir pour la ville de Marseille, payeront au Lieutenant, 20 livres ; aux prévôts et doyen, à chacun, 6 livres ; au greffier, 15 livres ; et à la bourse commune, 100 livres.

Celles qui se feront recevoir pour les hameaux et quartiers du district et territoire de Marseille, et qui seront en état de payer, donneront au Lieutenant 4 livres, et à chacun des prévôts et au greffier, 3 livres.

« Art. LXXXV. — Défenses seront faites d'exiger de plus grands droits que ceux ci-dessus spécifiés, même d'exiger aucun présent ni repas, à peine de concussion, et de restitution du quadruple ».

3° Lettres patentes en faveur des Maitres en chirurgie de Marseille

Louis XV voulut témoigner aux chirurgiens de Marseille la satisfaction qu'il éprouvait de leur zèle et de leurs efforts à relever le niveau de leur profession. Il leur adressa en approuvant leur règlement des lettres patentes qui furent imprimées à la suite de ce règlement et que je tiens à rapporter.

« Louis, par la grâce de Dieu, roi de France et de Navarre, comte de Provence, Forcalquier et terres adjacentes : A nos amés et féaux conseillers, les gens tenant notre Cour de Parlement de Provence à Aix et autres, nos officiers et justiciers qu'il appartiendra, salut.

« Nos chers et bien-aimés les maîtres en chirurgie de la ville de Marseille nous ayant fait représenter que désirant, à l'exemple de plusieurs autres Collèges de chirurgie des principales villes de notre royaume, donner des preuves de leur zèle et de leur émulation pour les progrès de l'art important dont l'exercice leur est confié pour la conservation de nos sujets, ils s'étoient proposé d'établir dans leur école des cours et leçons publiques, qui en assujetissant les maitres qui seroient chargés de remplir les fonctions de professeur à s'appliquer eux-mêmes avec plus d'activité à l'étude et à la meilleure pratique de leur profession, les mettoit en même temps à portée de former sous leurs yeux des élèves plus instruits et plus capables de servir utilement le public, sans les obliger à aller chercher ailleurs, à grands frais, des connaissances qu'ils pourroient trouver sur les lieux ; que pour remplir parfaitement ces deux objets essentiels à la perfection de la chirurgie, ils s'étoient également déterminés à porter sous notre bon plaisir, les actes et examens de ceux qui se feroient à l'avenir recevoir parmi eux, à des épreuves plus considérables que celles qui se trouvent établies par les statuts généraux donnés en 1730, pour toutes les communautés des chirurgiens du royaume indistinctement ; qu'ils avoient en conséquence fait dresser un projet de règlements particuliers, plus analogues que ces statuts généraux, aux vues qu'ils se proposoient pour exciter l'émulation parmi les chirurgiens de la ville de Marseille et les mettre en état de s'occuper avec plus de fruit et de succès aux progrès de cet art important ; que ce projet, contenu en cent articles, avoit été présenté au sieur de la Martinière notre premier Chirurgien, qui l'avoit approuvé; mais que ne pouvant encore le mettre à exécution, avant qu'il eut été muni du sceau de notre approbation et de notre autorité royale, ils nous supplioient de leur accorder les lettres à ce nécessaires.

« A ces causes, voulant favorablement traiter lesdits maîtres en chirurgie de Marseille et donner des marques de la continuité de nos attentions pour tout ce qui peut concourir au bien et à la conservation de nos sujets, auxquels la meilleure pratique de l'exercice de la chirurgie peut être d'une utilité toujours présente, Nous, de l'avis de notre Conseil, qui a vu le projet des statuts et règlements pour le Collège desdits maitres en chirurgie de la ville de Marseille, et l'avis du sieur de la Martinière, premier chirurgien, ci-attachés sous le contre-scel de notre chancellerie, de notre certaine science, pleine puissance et autorité royale, nous avons approuvé, autorisé, confirmé, et par ces présentes signées de notre main, confirmons et autorisons lesdits cent articles et statuts ; voulons et nous plait, qu'ils soient exécutés, gardés et observés, selon leur forme et teneur, dans le Collège des maitres en chirurgie de la ville de Marseille, ressort et territoire de ladite ville. Si vous mandons que ces présentes vous ayez à faire registrer, et du contenu en icelles, et auxdits statuts, faire jouir et user les maîtres dudit Collège pleinement et paisiblement ; cessant et faisant cesser tous troubles et empêchements quelconques, nonobstant tous édits, déclarations, statuts, arrêts et règlements à ce contraires, auxquels nous avons dérogé et dérogeons par ces présentes ; car tel est notre plaisir ; et afin que ce soit chose ferme et stable, à toujours, nous avons fait mettre notre scel à cesdites présentes.

« Donné à Versailles, le 25e jour du mois de juin, l'an de grâce 1769, et de notre règne le cinquante quatrième.

« *Signé :* Louis. Et plus bas : Par le Roi, comte de Provence, *Signé :* Phelypeaux. »

On trouve dans l'ouvrage si documenté que M. Belin, recteur de l'Académie d'Aix, a consacré à l'*Histoire de l'Ancienne Université de Provence* des renseignements sur la Communauté des Chirurgiens d'Aix. Son organisation remontait à la première moitié du XVe siècle. Ses règlements en 18 articles dataient du 26 janvier 1459. Elle fut agrégée en 1557 à la Faculté de Médecine, mais dut se séparer de l'Université en 1741 pour céder aux revendications du premier Chirurgien du Roi qui prétendait avoir toute inspection et juridiction sur les Communautés des Chirurgiens de Province (pages 191 et 410). Il est intéressant de noter qu'en 1673 les maîtres Chirurgiens d'Aix avaient « des contentions » avec les barbiers, perruquiers et étuvistes, comme à Marseille (en note, page 412).

CHAPITRE II

LES BARBIERS

Nous avons vu qu'à une époque reculée, vers le XIVe siècle, on ne connaissait à Marseille qu'une seule catégorie d'opérateurs, les *barbi-tonsores*, qui exerçaient simultanément la barberie et la chirurgie encore bien rudimentaire. Puis on devint Barbier et Chirurgien, *barberius et sirurgicus*, et plus tard, l'un ou l'autre. Tandis que MM. les Chirurgiens, grâce au développement de leur art, formaient une corporation de plus en plus importante, les Barbiers continuaient à exercer leur modeste profession, à laquelle tout intérêt scientifique restait forcément étranger. Un silence absolu les enveloppe à Marseille, jusqu'à la fin du XVIIe siècle, mais il paraît que les Barbiers de Paris, du moins en certain nombre, s'avisèrent peu à peu d'exercer la chirurgie et finirent par se faire réunir aux anciens maîtres.

« L'on vit naître à Paris sur la fin du XVe siècle, comme une nouvelle communauté de Maîtres Chirurgiens (1).

« Les Barbiers, destinés jusque-là à tondre seulement la barbe ou les cheveux, se mêlèrent d'abord de la saignée, et ensuite des autres opérations chirurgicales. Ils obtinrent même le nom de Barbiers-chirurgiens pour les distinguer d'avec les anciens, qu'on appela Chirurgiens de Saint-Côme ; et furent confirmés par plusieurs Déclarations et Arrêts, dans

(1) *Dictionnaire du Commerce*, tome second, 1741, p. 319.

la possession du droit qu'ils avoient usurpé, de faire certains pansemens, et quelquefois, suivant l'exigence des cas, toutes les opérations qui étaient réservées aux vrais maîtres, c'est-à-dire aux Chirurgiens de Saint-Côme.

« Cette nouvelle communauté surprit des lettres-patentes d'union avec l'ancienne au mois........... Elles n'eurent pas d'exécution, à cause de l'opposition des anciens maîtres ; mais enfin les uns et les autres furent véritablement et pour toujours réunis par un contrat d'union passé entre eux le 1er octobre 1655 et confirmé et autorisé par des lettres-patentes du roi Louis XIV, du mois de mars 1656, vérifiées et enregistrées au Parlement le 7 octobre ensuivant.

« Les nouveaux statuts de ces deux communautés, réunies sous le nom de Maîtres Chirurgiens de Paris, furent dressés en 1698, d'abord en 54 articles qui ayant été renvoyés au Lieutenant-général de police, furent par lui du consentement de tous les maîtres, changés, corrigés et augmentés jusqu'au nombre de 150, dont il donna son avis le 8 août 1699.

« Les lettres-patentes qui les autorisent et confirment sont du mois de septembre 1699, et celles qui en modifient quelques articles, du mois de janvier 1701 ; l'arrêt d'enregistrement des unes et des autres est du 3 février 1701. »

Il n'est nullement question, dans les documents que nous avons dépouillés à propos des Chirurgiens de notre ville, de cette distinction entre les Chirurgiens de Saint-Côme et les Barbiers-chirurgiens. Très probablement les Barbiers restèrent isolés, se contentant pour toute opération de la coupe des cheveux et du rasement de la barbe.

Mais ce que le développement scientifique fut impuissant à faire, la mode vint le produire ; la mode qui, d'après un vieil auteur, fit presque une nécessité à tout le monde de prendre des perruques et de quitter un ornement naturel, commode et de nulle dépense, pour en prendre un qui avait précisément toutes les qualités opposées (1).

(1) *Dictionnaire du Commerce* : Cheveux, t. II, 1741, p. 300.

La mode des perruques commença à Paris vers 1620, mais « le débit en était si peu considérable, qu'il ne parut pas si tot nécessaire de mettre les ouvriers qui les fabriquoient en maitrise ni en communauté » (1). Puis, l'usage s'augmentant, la corporation de Paris se constitua et prit rapidement une grande extension.

On créa d'abord « 48 Barbiers-baigneurs, Etuvistes, Perruquiers suivants la Cour ; et on les voit confirmés en cette qualité par deux arrêts du Conseil des 11 avril et 5 mars 1634.

« En 1656, le roi Louis XIV créa par édit du mois de décembre un corps et communauté de 200 Barbiers, Perruquiers, Baigneurs, Etuvistes pour la ville et les faubourgs de Paris, mais l'édit n'eut point d'exécution. Enfin, par un autre édit du mois de mars 1673, il s'en fit une nouvelle création à peu près sur le même pied de celle de 1659.

« Les statuts de ce corps dressés au Conseil le 14 mars 1674, et enregistrés au Parlement le 17 août ensuivant, consistent en 36 articles, dont les trois premiers parlent de l'élection des prévôts, syndics et gardes, au nombre de ....

« Le 4e article ordonne que les bassins qui pendront pour enseignes à leurs boutiques, seront blancs pour les distinguer des Chirurgiens qui n'en mettront que de jaunes ; il marque aussi la diversité des vitrages que doivent avoir les boutiques des uns et des autres. » (2).

Les sources les plus importantes auxquelles j'ai puisé les renseignements qui permettent de reconstituer et en quelque sorte de faire revivre la Communauté des maitres Perruquiers de Marseille sont fournies par les Registres des Délibérations de cette société qui sont conservés aux Archives départementales. Ils remontent à 1693 et se continuent, avec quelques interruptions, jusqu'au milieu du XVIIIe siècle.

De Régis de la Colombière (3), qui a déjà consulté ces docu-

(1) *Dictionnaire du Commerce* : Perruquiers, 1741, t. III, p. 798.

(2) *Dictionnaire du Commerce*, t. III, 1741, p. 798.

(3) De Régis de la Colombière. *Fêtes Patronales et usages des Corporations et Associations qui existaient à Marseille avant 1789......* p. 151, 1863.

ments, ne semble pas leur avoir trouvé grand intérêt : « Nous ne pouvons nous empêcher de consigner, dit-il, l'observation que nous avons faite en parcourant les archives de la corporation des Perruquiers. Ces livres et papiers, dès l'origine chargés de graisse et de poudre, mais qui se sont néanmoins conservés jusqu'à nous, sont devenus, après un repos de 72 années, la pâture de nombreux insectes qui les détruiront tout-à-fait. C'est peu à regretter. »

Il serait néanmoins à désirer que l'on trouvât pour les Chirurgiens des documents analogues. On pénètre avec eux dans la vie intime de la corporation, et s'il y a bien souvent des pages monotones, toutes remplies de longues séries de saisies pour contraventions, d'arrentements de charges ou de réceptions d'aspirants, c'est grâce à ces délibérations se succédant de mois en mois, ou bien, dans les moments plus agités, se renouvelant à bref délai que l'on connaît les besoins réels, les préoccupations, les faiblesses ou les ressources des corporations et que l'on pourrait arriver à faire leur histoire générale.

On peut croire, sans trop présumer, que les événements qui se déroulaient au sein du corps des Perruquiers devaient avoir beaucoup de ressemblance avec ceux qui concernaient les Chirurgiens, et l'étude que je vais faire offre à ce point de vue un double intérêt. Les luttes contre l'exercice illégal, contre l'établissement du Lieutenant du premier Chirurgien, les chamailleries entre maîtres, au sujet de leurs garçons et apprentis, et les embarras financiers devaient être à peu près les mêmes dans les deux communautés. Pour celle des Perruquiers qui va nous occuper, je commencerai par suivre dans leurs registres la série des principaux événements qui se sont déroulés, en les divisant en deux périodes, l'une antérieure et l'autre postérieure à la nomination du Lieutenant du premier Chirurgien du roi, puis je parlerai brièvement de l'élection des officiers, de la réception des maîtres et de l'état des finances.

I.— Histoire de la Communauté

1. PÉRIODE ANTÉRIEURE A LA LIEUTENANCE (1684 1723)

Les Maîtres perruquiers, barbiers, baigneurs et étuvistes de Marseille reçurent des statuts qui furent homologués et enregistrés au Parlement de ce pays en date du 22 décembre 1684 (1). Mais nous savons que par un édit de 1657, des lettres de provision avaient été déjà accordées à un certain nombre de Barbiers en faveur de la naissance de Monseigneur le Dauphin.

Le 30 juin 1675, une ordonnance de M. Rouillé, Intendant de Provence, décide que, conformément à l'édit de Sa Majesté du mois de mars 1673, les Barbiers, Perruquiers, Etuvistes de la ville de Marseille seraient et demeureraient « réduits à six, sçavoir, Antoine Durand, Estienne Giraud, Jean Bonnaud, Jean Richard, anciens barbiers et perruquiers de la ville establis en suite de l'édit de création desd. places rendu en faveur de la naissance de Mons. le Dauphin, Alexandre Laffon et Jean-Baptiste Martin, pourveus et receus aux d. places de Barbiers, Baigneurs, Perruquiers, Etuvistes en conséquence dud. édit du mois de mars 1673 ».

Ces deux dates 1657, 1673 semblent donc constituer pour le moment les deux principales époques de l'établissement des Barbiers dans notre ville. Il n'y est pas encore question de corporation organisée ni de syndicat. Peut-être existait-elle, mais je n'ai pas trouvé de document qui la mentionne.

Je ne connais pas non plus les statuts de 1684, mais il est infiniment probable que c'est eux dont il est question dans les Registres de la corporation qui commencent en 1693 et en réunissant les références données çà et là dans les procès-verbaux des assemblées, on peut reconstituer le sens d'un certain nombre d'articles.

(1) Les détails suivants sont contenus dans l'ordonnance de l'intendant Lebret du 31 octobre 1687. Reg. de l'Intend. C. 2207, fº 30. Archives départementales des Bouches-du-Rhône.

Art. 3. — Les officiers sont élus pour un an huit jours avant le jour et feste de saint Louis, à la pluralité des voix. Ils comprennent un trésorier et un secrétaire.

Art. 4. — Le trésorier rend compte de son exercice financier dans le courant du mois de septembre.

Art. 6. — Les syndics ne peuvent intenter aucun procès sans une délibération expresse du corps.

Art. 8. — Le droit d'entrée pour les maîtres est de 50 livres.

Art. 9. — Les apprentis payent un droit.

Art. 11. — Aucun maître ne peut faire travailler à la perruque que chez eux à peine de confiscation et de 30 livres d'amende. Les maîtres ne doivent pas se loger auprès de leurs collègues.

Art. 15. — Il est défendu aux personnes sans titre de vendre des cheveux en gros ou en détail au public.

Art. 18. — La Communauté s'assemble chaque premier lundi du mois pour délibérer des affaires du corps.

Art. 30. — Si la marchandise vendue est de mauvaise qualité, le vendeur est condamné à 20 livres d'amende et à la restitution du prix de la marchandise.

A dater de 1684, nous avons des preuves de l'existence de la Communauté. Voici une ordonnance (1) de l'intendant Morant condamnant des contrevenants, parmi lesquels il est intéressant de trouver un chirurgien.

« Thomas-Alexandre Morant, chevalier, conseiller du Roy en ses conseils, Maître des requestes ordinaires de son hôtel, Intendant de justice, pollice et finances en Provence. Veu par nous les procès-verbaux de saisies faits le 13 mars dernier sur les nommés Jean Terrain, maître chirurgien, Barthélemy Chaussaud et la nommée Imberte, à la requête des sindics des maîtres Perruquiers de la ville de Marseille, de plusieurs perruques en cheveux, sçavoir sur le dit Terrain un mestier à tresser avec des cheveux noirs dessus et trois paquets de

(1) Reg. de l'Intendance, C. 2182, f° 110.

cheveux noirs frisés sur les bastons, sur le nommé Chaussaud une perruque neuve poil chatain et sur la dame Imberte trente-six paquets de cheveux poil chastain, lesdits procès-verbaux contenant aussy les assignations à eux données à comparoir à 8ne (huitaine) pardevant nous pour se voir condamnés à l'amende de 500 livres chacun par eux encourue aux termes de l'arrêt du Conseil d'Estat du 6 novembre 1673 pour la contravention par eux commise, controllée le 14 dud. mois de mars. Veue aussy les requestes des sieurs syndics des Perruquiers tendante à fin d'adjudication de ladite amende, les arrests du Conseil du 13 novembre 1673 et l'ordonnance de M. Rouillé, cyd. intend. en cette Province du 15 juin 1674.

« Tout considéré :

« Nous avons donné deffault contre les sieurs Terrain, Chaussaud et la nommée Imberte, non comparans ny procureurs pour eux.

« Déclarons les cydev. perruques, cheveux et mestier sur eux saisis par lesd. procès-verbaux du 13 mars dernier, acquis et confisqués ; condamnons chacun d'eux à 5 livres d'amende pour la contravention par eux commise et aux dépens, avec deffense de récidives à l'avenir sous de plus grandes peines s'il y échet. Fait à Marseille, le onze avril 1686.

« Morant. »

En 1687, nous voyons les syndics des Barbiers, Masson et Martin, adresser une requête tendant « à ce que les nommés Durand, Estienne Giraud, Jean Bonnaud et Jean Richard ne puissent se servir ni arrenter les lettres de provision qui leur avoient été accordées en conséquence de l'édit de 1657, en faveur de la naissance de Monseigneur le Dauphin. Ils demandent d'être autorisés à confisquer leurs outils, perruques et cheveux, conformément à l'édit de Sa Majesté de 1673 ».

L'intendant Lebret (1), en date du 31 octobre 1687, repousse

(1) Registre de l'Intendance, C. 2207, f° 30.

la prétention des syndics et permet aux maîtres de continuer « la fonction de leur travail conformément à leurs provisions accordées en conséquence dud. édit de mil six cent soixante et treize. »

Cependant une délibération de la Communauté des Perruquiers, en date du 30 juillet 1698, nous apprend que ceux-ci avaient fini par avoir raison. Cette délibération porte en effet de nouveau pouvoir de poursuivre les nommés Durand, Giraud, Bonnaud et les hoirs de Jean Richard qui « avoient fait exploiter une requête tendante à jouir des prétendus privilèges donnés à la naissance de Monseigneur le Dauphin et quoy que cest prétandus privilèges ayent esté cassés et supprimés par l'édit de 1691 et plusieurs arrêts du Conseil rendus contre les dauphinistes. »

Le début du premier registre des Délibérations (1) est assez peu détaillé. Il contient surtout des actes de réception des nouveaux maîtres. On voit cependant que le 3 juillet 1693, « pour se conformer à la volonté de Sa Majesté, qui ordonne qu'il sera accordé des statuts pour la manutention de nos privilèges », pouvoir était donné aux Syndics de faire venir les Statuts et d'emprunter 300 livres. Nous ne connaissons pas ces Statuts.

Il y a ensuite une lacune de quatre ans et le 21 août 1697, « la Communauté est assemblée ensuitte de la convocation quy en a esté faicte par billets signés par les sieurs Michel et Faucon, sindics, dans laquelle assemblée a esté délibéré pour suppléer aux statuts quy ne règlent pas la manière que la feste de sainct Louis doit estre solannisée par nostre communauté, dans laquelle a esté résolu que conformément aux statuts les sindics assigneront tous les maistres dans telle

(1) Ancien livre des délibérations des Maîtres Perruquiers :
Ad Majorem Dei Gloriam
Commencé le septième avril mil six cent nonante trois et fini le vingt-sept janvier mil sept cent sept. Cote A. Archives départementales.

église qu'ils trouveront à propos pour assister à la grande messe et là un chacun d'iceux payera sa cotte et on donnera à chacun des maistres un pain beny de deux solz et un bouquet d'un sol et à chaque garson, ouvriers et ouvrières, un pain beny d'un sol et un bouquet et à deffaut que lesd. ouvriers et ouvrières nayllent pas paier lad. cotte conformément auxd. statuts, les maistres le payeront à son propre. »

Le 10 septembre 1698, « l'inventaire des papiers qui appartiennent à la Communauté » était remis aux mains du nouveau secrétaire Joseph Vincens. Cet inventaire, dont le détail occupe quatre pages, comprend surtout des exploits de saisie ou de signification des verbaux de saisie ou des requêtes, pas mal contre des Chirurgiens, des sommations, quelques jugements rendus, quelques arrêts du Conseil, des ordonnances ou des règlements, des délibérations portant pouvoir d'emprunter de l'argent ou d'accommoder des affaires litigieuses. On y trouve aussi un arrêt du parlement contre les Chirurgiens de peste et des fauxbourgs (cote EEE), une quittance de M. le Noir pour le droit des armoiries.

Fraudes Professionnelles

Le 7 octobre 1697, la Communauté s'occupa d'une fraude qui devenait courante dans la fabrication des perruques, l'emploi de fil au lieu de soie, et décida de la combattre par des peines disciplinaires.

« Les syndics ont représenté qu'il est venu à leur notice, qu'il s'est glissé un abus auquel il est nécessaire d'obvier, quy est quil y a certains maistres quy emploient des réseaux de fil (1) et souffrent que leurs ouvrières emploient aussi du

(1) Ces réseaux étaient ordinairement en soie et formaient la coiffe de la perruque sur laquelle étaient montées et étagées les tresses de cheveux. La coiffe était capable de tenir de longueur et de profondeur tout le haut de la tête depuis le front jusques à la nuque du col en passant sur l'une et l'autre oreille. Pour tenir la coiffe de réseau plus ferme ou la

fil à treser au lieu quil ny doit estre employé que de la soye autant aux réseaux qua la tresse ce qui est contraire au bien public parce que la tresse dans laquelle on y employe du fil est bien tost pourie et les perruques par conséquent en durent beaucoup moins sur quoy il a esté unanimement délibéré qu'aucuns Perruquiers ouvriers ou ouvrières soit maitre ou rantier ne pourront employer ou faire employer que des réseaux de soye ny tresser avec du fil à peine de vingt livres d'amande et de confiscation des ouvrages ». Cette délibération, fut homologuée par le Lieutenant du Sénéchal.

Dès le 5 décembre 1710, le Corps avait pris une délibération homologuée par la Cour le 10 du même mois, qui portait défense expresse à tous les Perruquiers d'employer aucun poil de chèvre ni des cheveux blanchis à peine de cent livres d'amende et de confiscation. Les fraudes n'en furent pas moins nombreuses et un nouvel arrêt de la Cour du 11 octobre 1717 renouvela ces mêmes défenses à tous les maîtres, leurs veuves et rentiers de mesler dans les perruques et autres ouvrages de leur art aucun cheveu blanchi ni poil de chèvre, sous les mêmes peines. Les syndics firent insérer cet arrêt dans le registre des délibérations pour que nul puisse prétendre cause d'ignorance, puis dans une première assemblée tenue le 16 novembre le communiquèrent à tous les maîtres et dans une seconde à tous les rentiers, car un si grand abus n'allait rien moins qu'à la ruine du commerce.

Plus tard, en 1753 on eut à s'élever contre un nouvel abus,

bordait d'un large tissu et on la traversait d'un autre encore plus large, depuis le milieu du front jusques à l'endroit qui touche la nuque du col : on appelait celui-ci ruban de plaque et celui-là ruban de tour.

Les tresses constituaient un perfectionnement, car les premières perruques étaient seulement « composées de peu de cheveux passés un à un par le moyen d'une aiguille au travers d'un léger callepin pour mieux imiter la nature et toutes étaient pour lors à calotte ».

C'étaient ordinairement des ouvrières qui tressaient les cheveux, mais la monture de la perruque était l'ouvrage du Maître lui-même ou des plus habiles de ses compagnons et apprentis. (D'après le *Dictionnaire du Commerce*, T. 3, p. 797, 1741.

l'emploi du fil d'archal dans la confection des perruques. Ces ouvrages ne méritaient que le mépris et des garçons cherchaient à les placer dans les endroits circonvoisins de la ville.

Défense fut faite à tous les maitres d'en faire ou de souffrir qu'on en fit chez eux. On décida même, le 29 mai, de demander à Monseigneur l'Intendant la contrainte par corps, mais les Perruquiers d'Aix, consultés, dirent qu'il ne fallait venir chez l'Intendant qu'avec l'extrait d'un arrêt rendu à Paris à ce sujet et on le demanda par écrit à M. Ausonne, avocat et conseil du Corps.

Rentiers

Les rentiers étaient des individus sans titre qui tenaient la boutique d'une veuve ou d'un mineur en payant à la communauté un droit d'installation plus une rente annuelle. Ainsi le 4 novembre 1697, le sieur Pierre Brémond, rentier de la demoiselle de Posson, « a proposé qu'il supplioit la communauté de vouloir bien luy accorder la grâce de recevoir la somme de vingt-cinq livres que ledit Brémond doit en la qualité de rantier de la demoiselle de Pesson, suivant l'article douze de nos statuts, avec promesse qu'au cas que ledit Bromond vienne à achapter dans une année du jourd'huy contable un office de Barbier, Baigneur, Etuviste et Perruquier, laditte somme de vingt-cinq livres luy seroit précontée sur celle de cinquante livres que tous les acquéreurs desdits offices doivent suivant l'article huit desdits statuts sansque cella dispense ledit Brémond des chefs-d'œuvre portés par les mêmes statuts », ce qui lui fut accordé. Les rentiers n'avaient pas le droit d'avoir des apprentis, à peine de trente livres d'amende ; mais le délit était fréquent.

Le sieur Destachoire, le sieur Bousquet furent poursuivis pour ce grief en avril et mai 1717. Le premier ayant reconnu sa contravention, on évita le procès, et il se condamna lui-même à l'amende de trente livres et aux dépens, mais le second fut poursuivi jusqu'à jugement définitif et condamné à la même peine.

La communauté se réunissait le plus souvent chez un des syndics sur billets de convocation signés des syndics : le 8 avril 1698, elle se réunit dans le cloître des Pères Carmes déchaussés : le plus souvent ce sera dans le cloître des Pères Recollets, puis dans la salle des Bains, pendant la période assez courte où elle en fut chargée (1720), puis de nouveau chez les Pères Recollets ou chez un syndic et enfin dans son bureau.

Saisies

L'exercice illégal était sévèrement poursuivi par les syndics. Le 8 avril 1698, c'est le sieur Imbert qui a été saisi en flagrant délit. On poursuit sa condamnation à l'amende de cinq cents livres portée par les statuts, et celle du propriétaire de la maison où il habite pour le faire condamner à l'amende portée par l'arrêt du Conseil du Roy du 22 juillet 1692.

Le 24 novembre 1701, on saisit au sieur Boyer, chirurgien, « cinq perruques vieilles, une en papillote et quatre au filet et des battons pour frizer... »

Le 23 avril 1703, on saisit cinquante-quatre perruques de cheveux vieux chez Louis Guilhermy, marchand droguiste sur le port, et on pourrait indéfiniment multiplier ces exemples.

Les saisies étaient vendues aux enchères au profit de la communauté, et le 10 juillet 1704 on délibéra de donner le quart de ces ventes aux maîtres présents aux saisies. Il arrivait parfois que l'on renonçait aux saisies. Ainsi le 3 avril 1698, on avait saisi « au nomé Marguerit douze vieilles méchantes perruques » ; mais celles-ci ne valant rien et le dit Marguerit étant dans la dernière pauvreté « au veu et au seu de tous nous dits soussignés », on lui rendit la saisie et on consentit « au déchirement des papiers sur ce subject ».

Le 7 novembre, on délibérait également de rendre à un

soldat les saisies qu'on lui avait faites, moyennant qu'il payât les frais. Quand le délinquant avait quelque prétexte qui pouvait faire craindre à la communauté de n'avoir pas gain de cause en justice, on donnait pouvoir aux syndics d'entrer en accommodation pour éviter des frais inutiles. Ainsi, le sieur Mille, auquel on avait fait une saisie le 14 octobre 1699, représenta « que les perruques à lui sezies estet encore de celles quil luy esté restées de l'année dernière soubs le titre qu'il avait du sieur Moulière et pour ce subjet, le Corps a donné pouvoir aux sieurs Jacques Réquier et Vinsens, sindics, d'acomoder ledit Mille de la manière qu'ils trouveront bon, prometant nous soubsignés de les relever et garantir ».

Les forçats de galère étaient, paraît-il, des concurrents sérieux : une saisie qui leur fut faite comprenait cinquante-six perruques. Cependant un arrêt de la Cour intervint et la communauté, appréhendant « que le refus quond feret de randre cette sézie nous atira quelque plus grand malheur », fit rendre la saisie aux forçats, avec défense à eux « de ne plus vandre ni débiter aucune perruque en ville, abattre les enseignes et ne donner aucun travail aux gens de liberté dans leurs baraques, et en payant toutefois les dépens (5 avril 1700) ».

Le 27 septembre 1703, le Lieutenant du Sénéchal fit appeler les syndics et leur montra une lettre de Monseigneur l'Intendant de justice pour leur dire de ne plus faire des visites aux forçats de galère.

Les syndics furent députés à Aix auprès de Monseigneur le Lieutenant pour obtenir un règlement contre les forçats, mais je n'ai pas eu connaissance de la suite de cette affaire.

Parfois la visite du syndic n'était pas sans lui valoir quelques désagréments. Le 31 décembre 1699 on poursuit Jacques Glevens, perruquier, qui a insulté le sieur Paulian, ancien syndic, « parce qu'il y avoit esté faire visitte et fait saizir des perruques et outils ».

Le 11 janvier 1701, François Baille, contrevenant, avait fait rébellion à la justice et « auroit couché en joue un fusil contre le sindic qui est un attentat à la justice et à tout le Corps pour l'intherest d'un chacun en particulier estant d'une nécessité absolue de poursuivre une telle action ». Une autre fois, le 2 septembre 1703, les syndics Paulian et Moullière, accompagnés de Mery, sergent, avaient trouvé au troisième étage de la maison habitée par les sieurs Guiraud et Bonnefoux deux caisses contenant dix-neuf perruques. Ayant voulu aller faire la saisie, « ils auroient été insultés par des paroles attrosses et menaces de soufflets par le nommé Arnaud, procureur au siège de cette ville », que l'on se hâta de poursuivre devant M. le Lieutenant criminel.

Le 26 août 1705, un nommé Antoine surpris avec sa femme en récidive de contravention par le sieur David, syndic, fit de grande violence, « sa feme vint contre ledit David lui donner dans le ventre » et lui-même « avec une pierre à la main le menacer en vomissant toutes sortes d'injures ».

La saisie faite au sieur Girard dans le courant de l'année 1703 donna lieu à des incidents moins dramatiques mais singulièrement complexes. Le syndic Cessy lui avait fait saisir par Pinchinat cinquante perruques et deux pattés (1).

(1) Il est nécessaire de savoir le rôle que jouait le pâté dans la frisure des cheveux. C'est ce que nous indique le procédé suivant pour faire friser les cheveux qui ne le sont pas naturellement. (*Dictionnaire du Commerce*, 1741, t. II, p. 300).

« Après avoir séparé les cheveux qu'on veut friser et mis ensemble, suivant leur longueur, on les roule et on les attache fortement avec des cordes sur des bilboquets, qui sont de petits instruments, ou de bois ou de terre cuite, de la longueur de trois pouces, gros de trois ou quatre lignes, de forme cylindrique, un peu enfoncées par le milieu : en cet état, on les met dans un chaudron sur le feu, où ils doivent bouillir environ deux heures. Au sortir de l'eau, on les laisse sécher ; et quand ils sont secs, on les arrange sur une feuille de gros papier gris, leur donnant à peu près la forme de la viande que l'on destinerait à remplir la croûte d'un gros pâté ; puis on les couvre d'une autre feuille de papier et ainsi empaquetés, on les envoie au pâtissier, qui leur fait une croûte de pâte commune : et qui, les ayant mis au four, les en retire, quand cette croûte est à peu près aux trois quarts de sa cuisson ».

Girard fut condamné aux galères pour autre cause, je pense, que pour la confection de ses perruques. Celles-ci, faites de vieux cheveux et sujettes aux vers, dépérissaient et on donna pouvoir à Cessy « de les retirer du sequestre, leur faire prendre l'air, et autres choses nécessaires pour les conserver ». Girard prétendit qu'on avait changé les perruques saisies ; Cessy déclara qu'il ne les avait prises des mains de Pinchinat qu'à bonnes fins et pour les garantir des vers. Entre temps Girard était arrivé à faire mettre en prison à Aix Pinchinat. Le Corps s'en émut et délégua en janvier 1704 le syndic Paulian pour obtenir l'élargissement de Pinchinat et vota un emprunt de quatre cents livres. Paulian dut en emprunter une première fois six cents cinquante, et plus tard mille cinquante. Bref, la communauté fut condamnée à payer sept cents livres à Girard.

Enfin, pour compléter les épisodes, la délibération du 6 avril 1703 n'est inscrite sur le livre qu'après la séance du 25 mars 1704 parce que « le livre des délibérations estoit dans un tiroir de la garderobe du syndic dont sa femme en avoit emporté la clef estant en bastide ».

Le 17 mai 1718 un véritable scandale se produisit au sein de l'assemblée à l'occasion de poursuites contre les chambristes.

Les syndics « ont représenté que vendredy dernier treizième de ce mois le corps s'étant assemblé en ce lieu à la manière accoutumée pour délibérer sur les affaires communes et ayant été représenté comme il résulte par la délibération dudit jour que nonobstant les défenses portées par les Estatuts dudit corps et par les arrêts du Conseil y avoir dans la ville plusieurs chambristes (1) qui travailloient en fraude, ce qui portoit un préjudice notable au corps et qu'il falloit y pourvoir : comme on avoit pas lieu de craindre que le corps se

(1) On désignait, dans tous les corps d'état, sous le nom de *chambriste*, *chamberlan* ou *chambrelan*, tous les ouvriers qui travaillaient en chambre et qui, n'étant pas maîtres, ne pouvaient ouvrir boutique. Régis de la Colombière, *loc. cit.* p. 151.

trouvant ainsy assemblé pour l'intherest commun il y eut aucun membre qui feut capable d'en trahir l'intérest et d'en révéler le secret on ne fit pas de difficulté de nommer les contrevenans qui travailloient ainsi sans titre et aussy ouvertement que pourroient faire les maîtres pourvus d'offices par Sa Majesté. Sur quoi plusieurs maitres ayant dit qu'il falloit y aller faire des visites et des saisies, aussi tôt Louis Jubellin, un des maitres qu'il estoit dans ladite assemblée par une prévarication formelle à son devoir et mesme par une perfidie insupportable se leva avec précipitation et sortit de l'assemblée pour aller avertir les contrevenans et les faire metre à couvert des saisies importantes ; comme auroit peu leur faire ayant dit tout haut en sortant que tant qu'il seroit maitre et qu'il viendroit aux assemblées ce ne seroit que pour en usurper les secrets qu'il n'auroit arrenté son privilège au nommé Delachoire, qu'il alloit de ce pas avertir tous les chambristes, qu'il voutoit ruiner le Corps et le mettre dans un état à ne surprendre aucun contrevenant, ce qu'il fit ; et en même temps le corps ayant envoyé prendre Isnard, huissier, qu'il vint à l'assembée avec ses records pour aller faire ses visites, ledit Jubellin estant revenu il se mit à crier qu'il étoit inutile qu'on alla faire des visittes ches les contrevenans puisqu'il venoit de les avertir, il vouloit toujours venir aux assemblées pour en faire de mesme afin de mettre le corps en désordre ayant en outre ledit Jubellin proféré plusieurs mots de discours contre divers maitres et comme c'est une prévarication et une perfidie qui ne peut pas estre souferte d'autant mieux qu'elle a privé le corps de saisies considérables, les dits sieurs sindics ont requis assemblée d'y délibérer.

« Sur quoy l'assemblée a unanimement délibéré que pour corriger ledit Jubellin pour la faute par luy commise contre son devoir et l'intherest du corps et pour le préjudice qu'il luy a causé il sera tenu de fournir pour tout demain à payer douze livres de sire à l'autel de saint Louis... il sera exclus des assemblées, privé de voix active et passive pendant six mois et cependant il comparaîtra à la première assemblée du corps pour y estre monesté de son devoir par les sindics, en cas de refus de payer la sire et de comparaître à la ditte assemblée pour recevoir amonition, il est donné pouvoir aux sindics de se pourvoir pardevant qui pour faire authorizer et exécuter la présente délibération. »

Du reste, les assemblées étaient généralement assez tumultueuses. Quelques membres s'étaient même avisés « de proclamer contre les sindics des paroles qui n'alloient pas moins qu'à détruire l'hotorité desd. sindics que selon le bon ordre et la bonne police de tous les corps ils doivent estre écouttés avec respect réciproque et pricipallement dans celluy des Maîtres Perruquiers qui sont pourvus par le roy des offices publics et héréditaires, ce qui demande de ce chef une distinction particulière à celle des autres Corps non pourvus de pareils offices, les dits sieurs sindics représentent qu'il faut une fois pour toutes remédier à de pareilles insultes. »

L'assemblée décida le 2 août 1718 « qu'à l'avenir les particuliers de l'assemblée qui perdront le respect envers leurs sindics... payeront, sur le champ, trois livres pour estre employées en œuvre pie, soit pour faire prier Dieu pour l'âme des confrères décédés que pour estre employées au service du saint qu'ils honorent. »

La Ville avait ordonné à la Communauté d'entretenir deux soldats pour la milice. Le 13 janvier 1702, Claude Bonnet fut député à Aix, mais en vain, auprès de l'Intendant pour obtenir qu'elle fût déchargée de cette corvée, et on dut emprunter, le 24 janvier, 300 livres pour subvenir aux frais et subsistance des deux soldats.

Création de vingt places de Barbiers

L'événement qui agita le plus la Communauté pendant les premières années du XVIIIe siècle fut la création de vingt nouvelles places de Barbiers à Marseille par édit de Sa Majesté du mois d'octobre 1701. Dès le 9 novembre suivant, Jean

Ripert et Claude Bonnet étaient députés à Aix pour voir M. de Silvy, procureur général du traitant, qui avait écrit au sujet des vingt places nouvelles. On proposait d'abord de lui offrir 9.000 livres avec les deux sols par livre par-dessus et les frais de provision.

Le 19 décembre, Lespiau et Bonnet étaient délégués avec mission d'aller à 10, même à 12.000 livres et plus s'ils le jugeaient à propos, tant le corps considérait comme avantageux pour lui d'acquérir ces places. La question reste en suspens pendant l'année 1702, mais dès le 1er janvier 1703, on donne plein pouvoir à Cessy, syndic, à Jean Ripert, ancien premier syndic, et à Claude Bonnet, l'un des maîtres, pour faire le nécessaire ou emprunter les sommes nécessaires, promettant « d'avoir pour agréable tout ce que par eux sera fait pour raison de ce que dessus ». En même temps, Etienne Lespiau était nommé pour recevoir les sommes « quy provien-droient de la vente des susd. places lesquelles sommes il dispensera selon nostre ordre pour estre employée aux payements des sommes empruntées pour le susdit achapt. »

Cependant les avis des maistres n'étaient pas unanimes. Le 6 mars 1703, une nouvelle délibération confirme et approuve le pouvoir donné à Cessy, Ripert et Bonnet « de traiter avec quy de droit l'achapt des vingt places... et de passer pour raison de ce tous actes,aubligations et soumissions nécessaires, aubliger les biens de la Communauté et ceux des particuliers quy la composent, etc. » Cette délibération était signée de Cessy, syndic, Bonnet, Ripert, Demarest, Besson, Riquier, Moullière, Louis Bardière, Lespiau, mais Joseph Michel, Pierre Paulian, Joseph Vincens et Jean Roy avaient refusé leur signature.

Le 29 mars 1703, le syndic Cessy annonça qu'en vertu du pouvoir donné, ils ont « fait procuration au sieur Joseph Tournezy et ce dernier a passé un traicté au nom de la Communauté avec François Féraud, bourgeois de Paris, chargé du recouvrement de la finance, des vingt places pour la somme de sept mil six cent livres les pactes et conditions exprimées... par-devant Pelerin et Tomé, notaires au Chastelet de Paris, le 13 du présent mois. »

Après avoir « leu, releu et examiné dans tous ses articles ce traité, il a été délibéré à la pluralité des voyes de le ratifier. Pierre Paulian et Jean Rey avoient encore refusé de signer quoique présents et délibérants. »

Le syndic Cessy, pour se prémunir contre les absents ou ceux qui refusaient de signer et qui voudraient plus tard faire des procès si le contrat était désavantageux, représente que le plus grand nombre des délibérants forme la Communauté, et leurs délibérations « aubligent non seulement le corps mais encore les particuliers ainsy que absens et de contraire aupignons. »

L'emprunt nécessaire pour couvrir les frais d'achat fut consenti par les Recteurs de la Rédemption des pauvres esclaves, érigé dans l'église de la Très-Sainte-Trinité. Cet emprunt fut fait par la médiation de Joseph Brunot, alors aspirant. La somme s'élevait à 7.220 livres 12 sols et le contrat fut passé le 27 avril 1703 par-devant Mᵉ Cuzin, notaire.

La vente des places donna lieu à des incidents. Les deux premiers acheteurs, Massuque et David, étaient des protégés du traitant et on dut, pour éviter d'être inquiétés, leur vendre des places à moins de 1.200 livres « à condition toutefois qu'ils estipulleront dans les actes 1200 livres avec promesse de décharger lesd. Cessy, Ripert et Bonnet du supplément de la somme de 1.200 livres. »

Il paraît que d'autres ventes furent faites. Le sieur Bonnet, dans l'assemblée du 3 décembre 1703, reconnut « qu'il avoit vendu douze places à la somme de douze cents livres chaqune. » Le corps prétendit n'avoir pas été consulté ni donné pouvoir et chargea le syndic Paulian de faire une sommation à Cessy, Ripert et Bonnet d'être chargés en leurs propres des sommes qu'ils avaient retirées des places vendues ; mais l'affaire en resta là ou du moins les registres n'en font plus mention. Restait l'emprunt des 7.220 livres qui n'était pas encore remboursé en 1706 aux recteurs de la Rédemption, et la caisse était vide.

Le sieur Bruno obtint que les recteurs acceptassent une rente de 350 livres pour la somme capitale de 7.000 et le surplus de 220 livres 12 sols. En reconnaissance, le Corps donna à Bruno une place de maître, l'agrégeant à la Communauté sans bourse délier et sans autre examen.

Entre temps, une troupe de garçons perruquiers fit une cabale contre les maistres et usa de violence contre les garçons qui avaient refusé d'entrer dans leur cabale. Plainte fut portée au gouverneur (15 juillet 1703) et à défaut de sa justice on dut consulter un avocat pour savoir si les preuves que l'on avait étaient assez fortes pour obtenir « prinse de corps contre lesd. garsons. »

Le 11 mars 1704, sur l'ordonnance de Mgr l'Intendant de justice, on fit le dénombrement des maîtres en cotant à un chascun sa classe.

Le 11 septembre 1704, on régla le prix des arrentements ainsi qu'il suit : privilège entier de la barbe et de la perruque à un seul rentier, 78 livres ; barbe ou perruque séparément, pas moins de 45 livres. La moitié du prix d'arrentement devait être payée au moment de l'arrentement. Mais cette division du privilège ne fut pas de longue durée, car dès le 28 août de l'année suivante, la délibération du 11 septembre 1704 fut annulée en raison des préjudices que fait au corps « la division de nos deux facultés de la barbe et de la perruque », et il fut décidé que les arrentements toujours faits en conséquence d'une délibération ne pourraient jamais être divisés ni faits au-dessous du prix de nonante livres. C'est en effet sur le pied de 30 écus de 3 livres que le sieur Dupont arrente, le 11 mars 1706, un privilège du Corps. Cependant, par une instabilité inconcevable, on arrente pour 60 livres, le 25 mars 1706 au sieur Maniège, une place pour la perruque seulement, avec interdiction sous peine de déchéance de travailler à la barbe ni directement ni indirectement. La permission, valable pour un an, prenait son commencement au jour et feste de Saint-Michel,

En 1706, des arrentements complets pour la barbe et la perruque se passent avec Gay et Bourrely au prix de 82 l. 10, payable moitié à Saint-Michel, moitié à Pâques ; un arrentement pour la perruque seulement avec Jean Besacier, pour 45 livres (19 octobre). On arrente pour un an à Ripert un des titres et places de barbier-perruquier que le corps a encore d'invendu pour 60 livres, payables en deux termes, sans pouvoir tenir enseigne.

Le 3 janvier 1707, on change de Procureur. M. Delille est tellement chargé d'affaires qu'il est « impossible de jouir de luy toutes les fois que les sindics ont besoin de lui, ce qui cause le retardement et vacation des affaires. » Les syndics sont autorisés à choisir celui qu'ils trouveront à propos, mais qui n'est pas connu, le registre B faisant défaut et créant une lacune de huit ans (janv. 1707 — déc. 1715).

Lit a l'Hotel-Dieu

A cette époque la Communauté cherchait à éluder l'obligation commune à toutes les corporations de fournir un lit à l'Hôtel-Dieu. L'Econome avait fait un commandement le 16 novembre 1715 de fournir la somme de 150 livres, « sy mieux naime le corps expédier un bois de lit, un matelas et tout l'assortiment (1). »

Le sieur Savornin fut délégué à Aix le 18 décembre pour examiner la transaction passée entre le corps des Maîtres Perruquiers de cette ville et l'hôpital au sujet du lit. Mais ceux-ci étant sujets à la fourniture du lit et les avocats d'Aix aussi bien que le sieur Pichatty, l'avocat de la communauté à Marseille, conseillant « d'acomoder l'affaire à l'amiable, attendu la faveur que les hôpitaux ont sur les particuliers

(1) « Registre commencé le 18 déc. 1715 et fini le 20 juillet 1723, cotté par la lettre C. ». Arch. départ.

comme s'agissant d'une affaire qui regarde les pauvres », on décida de payer tous les ans la somme de vingt livres pour l'abonnement de la fourniture du lit, qui comprenait le bois de lit, le courtinage, couverte, matelas, paillasse et linceul sur ciel. On préféra l'abonnement annuel au paiement de 150 livres qui devait se renouveler de dix en dix ans.

Le clerc du Corps

Giraudy avait été nommé clerc du Corps le 12 février 1716. Mais les affaires du Corps se trouvant toujours augmentées par la nomination de nouveaux maîtres, et les syndics ne pouvant régir toutes les affaires l'Assemblée délibéra le 21 octobre 1718, « pour nommer à la place dudit Giraudy une personne capable pour exercer ladite charge de cler », et on choisit « Joseph Preire, garçon perruquier, marié », mais le Corps voulut être loisible de changer toutes les fois que bon lui semblerait.

Giraudy fut révoqué, « avec deffanse de ne point troubler directement ou indirectement ledit Preire, ledit Corps luy faisant deffanse de travailler, ny faire travailler du métier de perruquier à peine d'être saisi comme contrevenant », et comme conséquence nécessaire de la nomination nouvelle on réglementa les fonctions de clerc.

« *Articles pour le cler du Corps des maîtres Perruquiers pour servir en ladite qualité :*

« 1° Qu'il portera lesdits billets desdites assemblées chez tous les maîtres et sera obligé d'aller chez les syndics ou un d'iceux trois fois la semaine pour recevoir les ordres, le tout pour les affaires dudit Corps, comme encore à tout cas de mort d'un maître et de son épouse il en avertira les syndics et faira porter les flambeaux du Corps chez les défunts, et il viendra les reprendre à la porte de l'église pour les rapporter à l'endroit accoutumé.

« 2° Il sera obligé de faire toutes ses diligences possibles pour découvrir les contrevenants sans qu'il puisse avoir aucun commerce avec iceux pour luy découvrir le secret du Corps à paine d'être déchou sur le champ, et estant bien informé de la demeure desdits contrevenants et de l'endroit où ils font leur travail, afin de ne point consommer le Corps en frais il viendra avertir les syndics pour aller faire les visites où il assistera en personne, et si le cas arrive que lesdites saisies que l'on fera puissent être plus considérables que les frais qui seront faits à ce sujet, il luy sera donné une gratification du surplus quil sera réglé par les sindics.

« 3° Il aura soin de faire placer les garçons et ouvrières chez les maîtres, et auparavant le faire, il se portera chez lesdits maîtres où les garçons et ouvrières seront sortis, pour savoir de luy si lesdits garçons et ouvrières sortent de chez luy de son consentement, et en cas de plainte de la part du maître ou des garçons et ouvrières il en avertira les sindics pour décider sur les contestations conformément à l'article sept des statuts du Corps, et chaque garçon et ouvrière qu'il placera et ceux qui se placeront à son iceue chez les maîtres, il luy sera payé par le maître, savoir pour les garçons dix souz et pour les ouvrières cinq solz, pourvu que les garçons et ouvrières restent au service du nouveau maître au moins un mois, afin que le maître qui aura fait ladite avance se puisse rédimer.

« 4° Il prendra tous ses soins pour découvrir les maîtres qui prendront des aprentifs, pour en avertir les sindics lorsqu'il le sçaura positivement afin qu'iceux agissent pour les faire payer le droit porté par l'article neuf des statuts dudit Corps.

« 5° Il prendra encore soin de produire les marchands de cheveux chez les maîtres, et en cas de vente des cheveux de sa part il sera gratiffié suivant la discrétion de l'achepteur.

« Ledit cler aura permission de travailler luy et une ouvrière, tant seulement supposé que sa femme ne sache pas travailler au métier de perruquier, en chambre qui prendra à une distance au moins de six maisons d'intervalle de celles des maîtres et rentiers, sans enseigne directement ny indirectement à peine d'être déchu comme dessus et il ne pourra tenir aucun garçon ny pouvoir faire aucun aprentif ny aprentisse. »

Le 10 janvier 1724, le nommé Dominique Labory fut nommé clerc du Corps, et le 2 février on renouvela aux maîtres l'interdiction de prendre aucun garçon que de la main du clerc à peine de 30 livres d'amende au profit du Corps, à moins que le garçon ne soit envoyé du dehors. Le droit du clerc était alors réglé à 30 sols par garçon.

En 1734, Marc-Antoine-Paul Guérin remplaça Labory et resta dans ses pouvoirs jusqu'en septembre 1752. Cessy fut nommé, mais il tomba dangereusement malade en mai 1754. On lui accorda 30 livres et on accepta que sa veuve fût nommée pour faire remplir ses fonctions par son fils ou toute autre personne.

Le 17 février 1719 une députation fut envoyée à Aix pour empêcher la sortie des cheveux hors du Royaume (1).

A la même époque, le trésorier se trouva en possession par suite de sa recette d'une somme de 5.700 livres et cet événement, plutôt heureux en soi, devint l'occasion d'une véritable tempête au sein de la communauté.

Le 24 février, vingt-quatre maîtres présents avaient décidé après mûre réflexion de placer cette somme sur un ou plusieurs particuliers bons et solvables, au denier vingt, à dette à jour ou à constitution de rente sans excéder le terme de trois ans.

Le 7 mars suivant, plusieurs maîtres, au nombre desquels on cite François Fourton, Melchior Androny, François Hugues demandent la convocation d'une assemblée. Les syndics représentent qu'ils n'avaient rien à proposer, mais comme l'assemblée est nombreuse, ils avertissent le Corps qu'ils

(1) Le commerce des cheveux était considérable en Europe et surtout en France. Les cheveux de meilleure qualité venaient de Flandre, de Hollande et des pays du Nord. En France, il n'y avait guère que la Normandie et peu d'autres provinces également septentrionales qui fournissaient de bons cheveux ; d'où l'intérêt de la démarche faite à Aix.

avaient placé conformément au pouvoir à eux donné par délibération du 24 février, les 5.700 livres par acte passé devant Mᵉ Maure, notaire. Cet acte prêtait l'argent au denier vingt pour trois ans à plusieurs maîtres : Jacques Joffre, Joseph Vincent, Charles Savornin, Marc-Antoine Imbert, François David, Joseph Imbert, Jean Rey, Louis Augier.

Les maîtres de l'opposition déclarent avec vivacité que le pouvoir donné aux syndics a été donné pour plusieurs par surprise, qu'il vaudrait mieux avant de constituer des rentes, payer les dettes, entre autres celle de 2.000 livres à la demoiselle Girouffe et autres dettes. « Ils interpellent les syndics d'acquitter ce que le Corps doit et que le prétendu placement n'est de nulle valeur par beaucoup de raisons qu'ils diront en temps et lieu et protestent par devant qui de droit et de faire supporter aux sindics en leurs propres tous les dépens, domages et interest ».

Le 14 avril, une assemblée est tenue à la réquisition de Jean Ripert, doyen, qui représente que « pour le bien et utilité de la communauté, il étoit nécessaire de terminer toutes les difficultés, contestations et procès intervenus à l'occasion du pret fait ensuitte de la délibération du 24 février dernier ». Tout le monde est d'accord. L'acte de prêt portait 6.500 livres ; la communauté décharge les emprunteurs et les officiers de la somme de 855 livres qui « n'étoient que les assessoires de la susdite somme de 5.700 ». Celle-ci sera remise entre les mains du trésorier Richaud et employée à l'acquittement des dettes « avec toutes les précautions utiles et nécessaires le plus tot que faire se pourra et préférablement les hoirs de la veuve Cairard ».

L'opposition avait gain de cause, mais elle était généreuse et la communauté pour le bien et la réunion de tous ses membres, acceptait de supporter elle-même les frais et dépens faits et à faire tant d'un parti que de l'autre. D'autre part, les sieurs Gauvin et consorts, représentant sans doute le notaire, renonçaient à l'instance intentée par eux devant Monseigneur de la souveraine Cour de Parlement.

Le 24 avril, Jean Rey remit au trésorier la somme de 5.700 livres en espèces sonnantes et on renouvela la décharge solennelle donnée aux emprunteurs et l'assurance que la communauté payait tous les frais.

Le Fermage des Bains et Étuves

Jusqu'aux premiers mois de 1720, les bains et étuves étaient régis par des particuliers sans titre. Il n'y avait alors qu'un seul établissement portant le nom de *Grands Bains et Étuves*, et siégeant rue du Baignoir (1). Les syndics représentèrent le 5 février que les bains et étuves étaient une partie de leurs privilèges, que tous les maîtres du Corps étaient frustrés et ils proposèrent de les affermer. Massuque et Fourton leur furent adjoints pour traiter l'affaire et le 14 mars, un acte d'arrentement au Corps des Perruquiers était passé par M. le conseiller Esménard et reçu par Mᵉ Jean Gouzan, notaire. On emprunta d'abord 1.000 livres pour meubler les bains, mais le détail des dépenses montre que cette somme fut bien insuffisante, puis on chercha à organiser le service. Deux commissaires choisis parmi les maîtres, furent nommés pour servir à tour de rôle aux bains, mais l'obligation où ils étaient d'aller dîner chez eux étant préjudiciable au service, on décida le 29 avril 1720 de prélever trente sols sur la recette pour leur dîner, et on leur fournit les ustensiles nécessaires. Il y avait de plus un commis, nommé Germain.

Tandis qu'on délibérait de choisir une personne capable, exempte de reproches, pour servir aux bains, Issaïn Baqui, esclave turc qui servait déjà aux bains, survint et il fut choisi, moyennant la soupe le matin, un demi-pot de vin et trente-cinq sols.

Sa caution était de 1.000 livres, mais la personne qui le

(1) A. Fabre. *Les Rues de Marseille*, tome V, p. 107. Cet auteur indique dans cet ouvrage les établissements qui avaient existé antérieurement et ceux qui vers 1789 furent ouverts en divers endroits de la ville.

cautionnait étant sur le point de partir pour un long voyage, on décida de prendre 500 livres qu'il avait et de répondre pour lui (7 juin).

On verra par les détails suivants, qui sont pris dans la liste des dépenses faites pour l'ameublement des bains et étuves, que le Corps n'avait rien négligé pour les rendre confortables.

Dépense faite pour l'ameublement des bains et estuves régis par le Corps. Commencé le 15 février 1720.

Du 15 février : Pour 12 pièces boure de fil et port.	60. 5
Pour un bassinoir et port................	7. 2
Pour 31 cannes de toile................	155. 4
Du 18 février : Pour 2 tables, 1 miroir..........	13. 3
Pour 10 pièces d'indienne...............	100. 6
Pour 88 cannes de toille...............	398.16
Du 19 février : Pour 5 quintaux laine, port et poids.	225.18
Pour 35 quintaux couton pour les couvertes	21.13
Du 20 février : Pour 6 pièces toille blure pour les mattellas..........................	54. 2.6
Du 24 février : Pour 9 pièces escamites jaunes...	49.12
Du 2 mars : Pour les clavettes des lits..........	8
Du 5 mars : Pour façon et fil des mattellas.....	5.18
Pour 1 garderobe à 4 portes..............	23
Pour 1 selle à trois pieds pour les estuves..	1
Pour 1 rediable, pelle et forchine.........	7
Pour 2 bassines cuivre blanchy............	10
Du 15 mars : Pour 15 cannes toille............	59.10
Du 20 mars : Pour 16 chesses à la dauphine.....	22.10
Pour 12 communes et port...............	12.15
Pour 2 charges chaud..................	3
Du 27 mars : Payé au fustier pour 8 couchettes et port...........................	93.10
Pour toilles pour bonnets................	34. 5
Pour 6 bonnez de laine.	7.10
Pour 4 cartes mappemonde et port........	37.15

Du 29 mars : Pour 12 chesses noires et port...... 16.12
Du 30 mars : Payé à M. Verdier pour 7 miroirs et port................................ 87.15
Pour 10 chesses blanches et port......... 7.16.4
Pour lustre à 6 branches et port......... 8. 3.6
Pour 4 coussins et port..... .... 8. 2 6
Du 3 avril : Pour 14 cannes 1/2 toille et port.... 45.15
Pour 8 paires babouches d'hommes et 2 pour femmes.............................. 28. 2.6
Pour façon de 70 draps de lit et port....... 24. 8
Du 5 avril : Pour façon de 4 douzaines et 5 flussis et de 34 foutes (1) et marque............ 12
Pour façon de 8 robes de chambre boure de fil............................... 6
Pour 1 livre orpiman.................... 1. 5
Du 8 avril : Pour 500 sarmans à 32 sols les 0/0... 8
Pour 6 carreaux de vitres pour les estuves. 2. 2
Pour 2 carrafons et autres verres pour les bains.........•...................... 1.10
Pour 15 livres chandelles................. 9.15
Pour faire ferrer les portes de l'estuve..... 2.15
Du 9 avril : Pour un pare-vent et port.......... 36. 5
Pour un seau de cuivre et acomodage...... 8.14
Pour nettoyer les bains.................. 2. 8
Pour des coussins et ballet de bruse........ 1. 2
Du 10 avril : Pour 21 cannes et 6 pans de toille et port.............................. 87.10
Payé à Monnier masson pour le banque du jardin et autres réparations............. 18
Du 12 avril : Pour 8 cannes coutonine pour des coussins et façon...................... 10. 8
Pour 4 paires barraquan pour des gands et façon.............................. 6. 3.6

(1) *Fouto*, fotte, toile de coton à carreaux qui vient des Indes. *Lou Tresor dou Félibrige*, t. I, p. 1172.

	Pour ferrer une fenestre d'une chambre...	2.10
Du 15 avril :	Pour une grande bassine cuivre....	6.12
	Pour 8 carreaux de vitres aux tambours....	2.10
	Pour de terraille de Rome et port..........	8. 3
	Pour un Liban (1) pour le puy.............	18
	Pour une cruche et 6 verres..............	1
Du 20 avril :	Pour une hache..................	1.16
	Pour une grande pelle pour le four.......	1
	Pour des partègues pour le jardin et manche de pelle..........................	12
Du 22 avril :	Pour la pierre du potager et port...	5
	Pour les grilles..........................	4. 2.6
Du 25 avril :	Pour 2 réchauds et 2 pelles pour la cuisine..............................	4
	Pour un sablier,..........................	13.6
	Pour 1 tambour à chauffer les chemises...	3
	Pour des pitons pour la clochette..........	1. 5
	Pour 6 couteaux, 8 fourchettes, une vergete (2) et un décrotoir......................	8. 2
	Pour 4 escuelles fayance et une cuvette....	4. 5
	Pour une sallière et 6 cuillières étain fin...	3.10
	Pour 10 livres savon......................	5
	Pour de siman pour acomoder le conduit des eaux en divers endroits................	3.10
	Pour les enclastres des lits...............	12. 5
	Pour de l'eau-de-vie en plusieurs fois......	1.10
Du 29 avril :	Payé au fustier (menuisier)........	77.10
	Pour des pots à soupe, la couverte, cuillière et plats de feu..........................	1.13
	Payé à Saïn turc pour 2 mois et 5 jours....	52
Du 2 may :	Pour des essuye-mains et tourchons.	17
	Pour 2 jarres à tenir l'huile.......... ...	1
	Pour 1 poille grille et 1 poivrier fer blanc..	6. 2

(1) Liban : corde servant à tirer l'eau d'un puits. *Lou Tresor dóu Felibrige*, t. II. p. 210.

(2) Vergete : brosse, *Lou Tresor*, t. II, p. 1104.

	Pour 8 pots de chambres communs et 2 de fayance, 2 petites cruches de mesme....	3.10
	Pour des cordes pour estandre le linge.....	1. 6
	Pour 8 traversiers pour les lits............	36. 7
	Pour faire aficher les advis au public......	3. 6
	Pour papier d'ordonnance pour les tambours	10
Du 6 may :	Pour 2 douzaines serviettes et 4 napes	69.15
	Pour 4 cannes 1/2 coutonine pour les portières........................	6.15
	Payé au peintre..................... .	19
	Pour des pattes de fer pour les ratellers....	5
	Pour des clous gros et petits...............	1.10
	Pour 2 grosses éponges..................	1.10
Du 7 may :	Pour des tapis et façon........	31.18
	Pour faire garnir les portières.	3.10
	Pour une contre-porte aux estuves.........	18
	Pour 12 quintaux 10 livres charbon........	36. 6
	Pour faire couper 2 ardoises aux estuves....	2
	Pour port de 4 lits de banc et autre........	1
	Pour 1 mortier et son pilon...............	1 10
Du 8 may :	Pour 2 lampes, 1 pelle et soufflée.....	2
	Pour une corde pour le lustre.............	12
	Pour façon de 38 bonnets et marque......	5.14
Du 10 may :	Pour façon des lits...............	88
	Pour cordes fines pour ciel des lits.........	15
	Pour 4 civadiers (1) cendres de grignon....	1. 4
	Pour 4 longues pattes avec ses pitons pour les les lits de la Réalle....................	6
Du 14 may :	Pour frais de la lessive.............	14.13
Du 18 may :	Pour tringles des lits avec les pitons à pointe et ferrage...................	36.17
	Pour 12 livres orpiman..................	12.10
	Pous 2 livres pâte d'amande..............	1

(1) *Civadier :* Mesure pour l'avoine et pour le grain en général, valant deux picotins et équivalente au quart d'un *panau* et au trente-deuxième d'une *cargo*. *Lou Tresor dou Felibrige*, t. I, p. 562.

Pour 1 tringle pour le Régalle, anneaux et toille pour le rideau.	16.10
Pour 1 père sizeau, 1 peigne et rasoir......	2
Pour Eau de la reine d'Ongrie.	1. 2
Pour 5 pans d'étamine pour des gans.	6.18
Du 10 juin : Pour 1 garbellin (corbillon) à tenir l'argent.	15
Payé à M. Isserie pour des indiennes pour garnimens des litz et robes de chambre..	306.12
Du 17 juin : Pour façon de 2 robes de chambre..	3
Pour des estampes et almanac..............	18.10
Du 18 juin : Pour 1 clochette pour les estuves...	3. 2
Du 27 juin : Pour 1 registre et une main papier..	3
Pour 1 pièce toile blure.	11
Du 2 juillet : Pour de laine à M. Bertran.........	86.16
Pour façon de 4 matellas et fillet.	2.13.6
Pour 8 vases avec les bois verts.............	6
Pour 8 livres chandelles..................	6
Pour 13 livres orpiman.	13.6
Pour un faix de ballet de bruse	10
Payé à M. Gallan pour une pièce indienne Constantinople et une toile blure........	27
Du 18 juillet : Pour façon de 11 linceuls et 5 bonnets..............................	3.16
Du 1er may : Payé à deux maitres qui estoit de garde aux bains pendant 15 jours, à 1 liv. 15 par jour y compris 5 sols pour le turc...	26. 5
Du 16 may : Pour un seul y compris le turc.....	16
Du 1er juin : Pour un seul et pour tout le mois...	30
Au sieur Germain pour deux mois.........	60

Le total des dépenses s'élevait à la somme de.. 8.065.10

D'autre part la recette des bains était :

Du 18 juin : Receu des bains et estuves depuis le 20 jusqu'au 30 dudit.................	90

Receu depuis le 1er may jusques au 15 dudit	77.18
Receu depuis le 16 may jusques au 17 juin des mains de Germain notre commis.....	424.16.4
Receu du mesme depuis le 18 juin jusqu'au 27 juillet	239.6
Receu depuis le 28 juin jusques au 8 juilllet	258.5
» » 9 jusques au 16 juillet....	289.13
» » 17 » 22 »	119.12
» » 23 » 31 »	120.10

La Peste de 1720

Les circonstances étaient peu favorables au succès de l'entreprise dont s'étaient chargés les Maîtres Perruquiers. La peste sévissait à Marseille et tout travail était interrompu. On devait songer à secourir les pauvres ouvriers que le malheur des temps jetait dans la misère. Le trésorier n'avait que cinq billets de 100 francs en caisse, ce qui était insuffisant, et l'on dut emprunter 1.000 livres pour les secourir, « n'y ayant pas de voiye plus certaine pour apaiser la colère du Seigneur que celle de secourir ces membres qui sont les pauvres. »

Le clerc, sa femme, ses enfants étaient malades. Un grand nombre de maîtres furent emportés par le fléau, entre autres un des syndics, le sieur Jacques Joffre, et le secrétaire Joseph Bruno. Les assemblées furent suspendues du 16 août 1720 au 20 mars 1721. Celle-ci eut lieu « par permission de M. le Commandant de la Ville, attendu la contagion », pour trouver le moyen, dans l'état de détresse où étaient les finances, de répondre aux injonctions de l'autorité qui réclamait le fermage des bains.

« Aujourd'huy vingtième mars mil sept cent vingt-un, la Communauté s'est assemblée dans le cloître des RR. PP. Recollez... le sieur Claude Savornin, sindic, a représenté qu'il luy vient d'être signifié à luy et au sieur Fourton, trésorier, un ordre de M. le Commandant portant que nostre Communauté payera dans trois jours précisément la somme de trois cents livres à M. le conseiller Esménard pour la paye écheüe à Saint-Michel dernier du loyer des bains à peine de désobéissance et d'y estre contraint, et comme le trésorier ne se trouve point de fonds pour payer cette somme, requiert l'assemblée de délibérer de la manière qu'il peuvent faire pour ne pas désobéir, nous a encore représenté qu'il estoit deub la somme de cinq cents livres au turc qui servoit aux bains qu'il nous avoit remis pour la rançon dont il falloit aussy payer estant encore nécessaire d'avoir quelque argent pour faire provision du bois pour ouvrir les bains, sy Dieu nous fait la grâce que cette maladie finisse bientôt et pour plusieurs autres dépenses. »

On décida d'emprunter 1.000 à 1.200 livres et on nomma le sieur Melchior Androny, syndic, et Joseph Cauvin, secrétaire, pour remplacer les victimes de la peste.

L'entreprise des bains et étuves était une charge très onéreuse pour la Communauté. Le 16 avril 1721, le syndic représenta « qu'ils restaient sans rapporter aucun fruit ny bénéfice au Corps attendu que tous les maitres pris par leurs affaires particulières ne pouvaient vaquer dans leur travail à ceux des bains ainsi qu'on l'avait fait l'année précédente. On donnait 20 sols à ceux qui étaient de garde, il fallait avoir un commis, ces charges étaient trop fortes pour le Corps. Il proposa de « sous-fermer les bains à quelque particulier ».

Quatre adjoints, Jacques Riquier, Jean Estienne, Pierre Favet, François Richaud furent nommés pour traiter avec les officiers du Corps la vente ou l'arrentement. Mises aux enchères par-devant Me Fabron, notaire, le 20 mai, la sous-ferme des bains et étuves et la vente des meubles et effets achetés pour leur service y restèrent jusqu'au 5 juin. Personne ne se présenta à la première et à la deuxième enchère. A la troisième, le sieur Savornin, syndic, fit les offres suivantes : Il se chargeait du sous-arrentement pour le temps qui restait à courir du bail passé par le Corps avec le sieur Esménard, conseiller. Il entrait en possession immédiatement pour en jouir et user aux mêmes pactes et conditions. Il ne payait que 300 livres pour l'année courante qui était déjà avancée, et 600 pour les deux dernières années du bail, en deux payes de 300 livres à Saint-Michel et à Pâques. Il offrait de payer les 300 livres de cette année en déduction et compensation sur ce dont le Corps lui était débiteur, mais il ne voulait avoir à faire qu'avec le Corps et nullement avec le sieur Esménard, ni directement ni indirectement. Il offrait enfin de se charger des meubles et effets en toute propriété et à ses risques sous le bénéfice de la déduction du tiers sur le total de la somme de 2.923 livres. Il promettait de payer les deux autres tiers, soit 1.949,89 en espèces après la fin de l'arrentement avec les intérêts à 5 0/0.

L'assemblée du 9 juin à laquelle furent présentées ces offres n'étant pas assez nombreuse, on ne put délibérer. Le procès-verbal se termine ainsi :

« Vacat pour n'estre pas assez de délibérans. »

Le 14 juin, nouvelle réunion en présence de M. Dominique Estienne, un des commissaires. L'offre de Savornin fut couverte par Marc-Antoine Imbert à l'avantage du Corps, mais les conditions ne sont pas stipulées et la sous-ferme des bains et étuves ainsi que la vente des meubles et effets lui furent délivrées et le contrat passé le 16 juin par-devant Mᵉ Fabron.

Création de quatre places de Maitres Perruquiers (nov. 1722)

Parmi les événements qui continuèrent à occuper la Communauté jusqu'en 1723, il faut citer l'édit du Roi, en date de novembre 1722, portant création et établissement de maitrise d'art et métiers dans toutes les villes du royaume. Les maitres de Marseille, après avoir consulté par écrit les avocats de Paris, décidèrent de traiter avec le directeur chargé des places de maitrise pour leur ville et de les prendre sous des noms des particuliers du Corps ou des fils de maitres. Le 15 avril 1723, on décida qu'on prendrait le nom de quatre fils de maitres, qu'on se transporterait à Aix avec les pères de ces quatre enfants « pour passer leur soubmission pour ces enfants devant le traitant en luy faisant faire la déclaration à chacun comme véritablement ils ne font que prêter les noms de leurs enfants au Corps et les sindics pourront sur cella faire les offres pour lesd. maîtrises telles qu'ils jugeront à propos, soit en billets liquides, soit en argent comptant. »

En dehors de cet accroissement de la Communauté de quatre privilèges nouveaux, on ne trouve que des saisies faites à des contrevenants. L'un d'eux était un Chirurgien, demeurant rue Sainte-Barbe. Le 1er février 1723, « sur la notice qu'il travaillait au métier de la perruque », on lui saisit une perruque en tresse, une teste montée et autres cheveux et outils dont procès-verbal fut dressé par Gantelmy, huissier.

2. PÉRIODE DE LA LIEUTENANCE

La juridiction du premier Chirurgien du Roy sur les communautés des Barbiers ne s'établit pas sans résistance de la part de celles-ci. Les considérants contenus dans les lettres-patentes du Roy portant statuts pour les communautés des Barbiers et Perruquiers mettent au courant de ces faits.

Par la déclaration du 21 janvier 1710, le premier Chirurgien, qui, depuis septembre 1679 avait ses Lieutenants dans les Collèges de chirurgie de province, était maintenu dans le droit d'en avoir dans toutes les communautés des Barbiers avec un Lieutenant et un greffier pour y exercer son inspection et juridiction. Ces dispositions furent confirmées par lettres-patentes du 21 janvier 1716.

Le 26 avril 1718, la communauté des Barbiers-perruquiers de la bonne ville de Paris reçut des lettres-patentes en forme de statuts dont le premier article assujétissait le premier Chirurgien du Roy à choisir pour Lieutenant l'un des anciens ayant passé par les charges, et cet ordre fut étendu à tout le royaume par la déclaration du 10 février 1719. En conséquence il fut ordonné par arrêt du Conseil du 21 juillet 1722, aux Lieutenants nommés par le premier Chirurgien du Roy de faire assembler les Barbiers des lieux de leur établissement pour dresser incontinent des statuts convenables à l'état de ces mêmes lieux.

Le premier Chirurgien ne put, conformément à la déclaration du 21 janvier 1710, engager les anciens syndics et maîtres à remplir les places de ses Lieutenants. Un arrêt du Conseil du 19 avril 1723, confirmé par lettres-patentes du 3 mai suivant, lui permit de « choisir, nommer, et commettre pour ses Lieutenants dans toutes les communautés telles personnes de la profession qu'il jugerait à propos ». Mais les communautés de province n'avaient pas exécuté la déclaration du 10 février 1710 leur enjoignant de dresser des statuts et par ce moyen excluaient les Lieutenants du premier Chirurgien de présider à leurs assemblées et les privaient des droits qui leur étaient dus. De plus, elles refusaient de déférer à l'arrêt du Conseil du 19 avril 1723 qui vient d'être indiqué, « sous prétexte qu'il n'y est point dérogé à l'article premier de nos lettres-patentes en forme de statuts uniquement rédigés pour la communauté des Maîtres Barbiers-Perruquiers de Paris du vingt-six avril mil sept cent dix-huit ; et qu'il n'y est point deffandu aux maîtres des communautés de troubler lesdits Lieutenans dans les fonctions de leur profession de Barbier-perruquier, mais seulement dans celle de Lieutenant ». Le Roy confirma ses déclarations et lettres-patentes antérieures pour être exécutées selon leur forme et teneur.

« En conséquence, dit-il, nous avons permis et permettons à notre premier Chirurgien de choisir, nommer, et commettre telles personnes de la profession qu'il jugera à propos pour ses Lieutenants dans toutes les communautés de Barbiers, Perruquiers, Baigneurs et Etuvistes des villes et lieux du Royaume : deffendons à tous sindics anciens et maîtres des communautés d'aporter aucun empêchement à la réception et installation desdits Lieutenans sous quelque prétexte que ce soit ny de les troubler directement ny indirectement, tant dans leurs fonctions de Lieutenans que dans l'exercice de leurs professions de Barbiers-perruquiers, pendant qu'ils seront pourvus de leur officiat à peine de deux cens livres d'amende et cent livres de domages et inthérêts envers lesdits Lieutenans; deffandons pareillement sous les mêmes peines aux syndics, maîtres et anciens desdites communautés de procéder ou faire procéder à la réception d'aucuns maîtres pendant six mois à compter du jour de la publication des présentes dans lequel notre premier Chirurgien sera tenu de nommer lesdits Lieutenans que lesdites communautés recevront et installeront à peine de nullité de la réception desdits maîtres, de toutes les délibérations qui pourroient être prises dans leurs assemblées et de restitution des sommes payées par les aspirans; à l'effet de quoy enjoignons sous lesdites peines aux sindics, maîtres et anciens de luy fournir dans la huitaine de la publication des présentes une liste des maîtres qui composent lesdites communautés ensemble l'extrait de leurs réceptions certifié par les Prévots syndics en charge; voulons que par provisions seulement et en attendant qu'en chacune desdites communautés des Barbiers-perruquiers des villes et lieux de notre royaume ou il y en a d'établies il ait été conformément à notre déclaration du 10 février mil sept cent dix-neuf dressé des statuts aprouvés par notre premier Chirurgien; les articles qui ensuivent soient exécutés selon leur forme et teneur. Le tout à l'exception des villes des généralités de Roussillon, Auch et Pau, Chaalons, Montauban, Dijon, Franche-Comté, Alsace et Maubeuge jusqu'à ce que par nous il en soit autrement ordonné ».

A Marseille, les débats auxquels donna lieu la création de la Lieutenance se prolongèrent jusqu'en 1729 et aboutirent à une sorte de suppression virtuelle de cette charge, qui fut acquise par la communauté et ne devint qu'un titre ajouté à la personnalité du premier Prévôt.

Le premier et seul véritable Lieutenant du premier Chirurgien, ayant reçu de lui son investiture fut Pierre Favet, antérieurement trésorier du Corps. Voici comment sa nomination fut accueillie :

Assemblée du 23 juin 1723

« Les sieurs François Rance et François Terran, sindics, ont représenté à l'assemblée qu'ils avoient heu notice que le sieur Pierre Favet, un de nos maitres et trézorier du Corps, avoit esté pourveu des lettres de provision d'une prétendue Lieutenance dans notre Corps par le sieur Maréchal, Chirurgien du Roy et maître de la Barberie de France, laquelle prétendue charge porte certains pouvoirs et attribus quils sont tout à fait contraires aux Estatus et bon ordre de nostre Corps et très-nuisibles à tous les maitres... L'assemblée ayant meurement examiné les propositions desdits sieurs sindics et reconnu la cruelle perfidie du sieur Favet a qui le Corps avoit confié ces affaires les plus secrètes et tout son bien, a délibéré par ces présentes de faire présenter une requête à Messieurs les Lieutenants généraux de pollice en luy demandant par icelle la suspension de l'enregistration desdites provisions et mestre oposition a icelle attendu le peu de temps qu'on a d'escrire à Paris ensuite de poursuivre la dite opposition pardevant tous tribunaux mesme jusqu'au Conseil suprême du Roy, en prenant des conseils des advocats tels qu'ils adviseront pour leur donner tous les éclaircissements à ce nécessaires, le tout aux dépens du Corps ».

25 signatures.

Procès de la Lieutenance

Les Syndics continuèrent à considérer Favet comme trésorier du Corps et le 14 juillet tirèrent sur lui un mandat de 500 livres « en faveur de M. Benoit Laffon, courtier royal en cette ville, pour le payement d'une lettre de change que led. sieur avoit fourni pour les affaires du Corps. Favet répondit qu'il n'étoit plus trésorier, qu'il ne vouloit point payer cette dette attendu qu'elle ne luy paraissoit pas contractée par le Corps en général. »

En présence des chicanes de Favet, qui ne cherchait « qu'à confondre le Corps en frais et à retarder toutes les dépêches que les sindics pourroient faire au sujet des procès que le Corps avoit contre divers particuliers et contre Favet, le Corps donna pouvoir aux sindics de tirer tous les mandats qu'ils adviseraient être nécessaires pour les affaires du Corps, invitant le sieur Favet à les payer en lui protestant de tous les dommages qu'il pourroit luy causer en corps ou en particulier. »

Le 20 juillet, on reçut une lettre de M. Bouchaud, avocat au Conseil du roy, datée du douze courant, avec une minute de sommation que le Corps devait faire intimer à Favet et comme il fallait que le Corps nomme un subjet tel qu'il le trouvait à propos de choisir pour présenter à M. Maréchal, au lieu et place de Favet, on choisit le sieur François Rance.

Cependant les esprits s'étaient apaisés; quelques maîtres qui s'étaient abouchés avec Favet lui avaient représenté le tort que « cella faisoit à tout le Corps et qu'il n'étoit guère agréable pour luy de se voir brouiller avec tous ses collègues et que s'il les en croyoit, il se demettroit de cela en faveur du Corps. » Favet répondit qu'il « estoit en estat de le faire sy on vouloit lui faire un party honnette. »

L'assemblée du 20 août 1723, ne souhaitant rien plus que la paix et l'union parmi tous les collègues, donna pouvoir aux syndics, au secrétaire et à deux adjoints, Jean Estienne et Charles Savornin de traiter avec Favet, agréant toutes les propositions qu'ils feroient au plus grand avantage du Corps. »

Le procès continua néanmoins, puisque le 26 janvier 1725, on recevait une lettre de M. Bouchaud, avocat au Conseil, qui dit que sa provision pour le procès Favet, au sujet de la Lieutenance du premier Chirurgien du roi, est épuisée et demande 161 livres 5.

Les syndics trouvent que ce procès traîne en longueur et coûte bien cher. On leur adjoint Marc-Antoine Imbert et Melchior Androny pour faire à Pierre Favet des « propositions honnestes » d'accommodement.

Les délégués se rencontrent avec Favet dans le cloître des R. P. Carmes Deschaussés. Il demande 4.000 livres comptant moyennant quoi il se démettra de la Lieutenance, de la charge de greffier et de tous les dépens faits aud. procès.

Le 29 janvier ces propositions sont soumises à l'assemblée, qui n'hésite pas à les accepter et à faire un nouvel emprunt pour y satisfaire « attendu qu'il ne convient pas d'avoir des procès au Grand Conseil sans risquer de se jeter dans de grands frais qui pourroient excéder le don fait au sieur Favet. »

Cependant le 13 avril suivant on reçut de M. Bouchaud des imprimés contenant la déclaration de Sa Majesté du 25 août 1715, l'arrêt du Conseil du 19 avril 1723 et les lettres patentes du 3 may 1723. Ces pièces indiquaient que le Lieutenant du premier Chirurgien devait être pris parmi les Maîtres Perruquiers et qu'il ne pouvait, par sa seule qualité de Lieutenant, avoir la faculté de tenir boutique ouverte. On délibère de ne plus écouter les propositions de Favet : le vote du 29 janvier est annulé et on laisse le procès pendant décider en faveur dud. Favet ou du corps.

Le cours du procès fut favorable à Favet, car à partir du 8 mai 1726 on le retrouve à la présidence de l'assemblée qui est convoquée par billets signés de lui. Mais les formalités judiciaires se poursuivaient avec lenteur et ce n'est qu'un an après, le 12 mai 1727, que M. Bouchaud annonce que le procès au sujet de la lieutenance avait été renvoyé à la Grande Chambre et la Communauté condamnée aux dépens tant envers M. Maréchal, premier Chirurgien du roi, qu'envers son Lieutenant. Il demande si la Communauté veut régler à l'amiable les dépens ou les faire régler en justice. La première proposition est adoptée « attendu qu'il y a une douceur bien grande et un bénéfice pour la Communauté de le faire à l'amiable. » Le Lieutenant accorde une assemblée générale pour décider de l'emprunt nécessaire, « charmé quand à nous, dit-il, que le Corps cherche son bénéfice et ses intérêts. »

Ce n'est que le 18 juin qu'on emprunte 1500 livres : 500 pour le procès de la Lieutenance, 700 pour un créancier dont le terme est à brève échéance et le reste pour les affaires courantes.

Création de trois places de Maitrise

A l'occasion du mariage du Roi parut un édit portant une nouvelle création de charges de tous les arts et métiers. Dès les premiers bruits de cette création, en juin 1725, on avait délégué le syndic à Aix pour voir le partisan, et le syndic Didier s'étant récusé pour son peu de santé, on y avait envoyé le sieur Androny. L'édit parut le 24 juillet et le 25 l'assemblée déclare « qu'il est nécessaire de prendre tous les moyens pour abonner ces charges ou de les réunir au Corps pour les maintenir dans un prix honnête, que si au contraire lesd. maistrises passoient par les mains des particuliers cella donneroit un grand dechet aux autres. »

Imbert, syndic, passa soumission le 15 septembre 1725 avec le sieur de Guimoud pour les trois places nouvellement créées : il avança 3.000 livres. On avait du reste promis à M. Bouchaud, lorsqu'on lui avait donné la commission d'arrêter lesd. places à Paris, de donner 200 livres au commis du traitant pour avoir la préférence.

Statuts de 1725

C'est aussi en 1725 que furent donnés à Marly, le 6 février, aux maîtres Barbiers-Perruquiers de nouveaux statuts en 47 articles. Ils furent enregistrés à Aix le 26 janvier 1726 et figurent dans les Insinuations de la Sénéchaussée de Provence, année 1726.

Ces statuts (1) réglementaient la composition de la Communauté, son recrutement et l'exercice de la barberie. Je grou-

(1) Archives départementales des Bouches-du-Rhône. Insinuations de la Sénéchaussée, 1726, f° 256.

perai sous ces trois chefs les articles qui se suivaient sans ordre rigoureux.

1° *Composition de la Communauté.* — « Chaque Communauté des Barbiers, Perruquiers, Baigneurs et Etuvistes sera composée d'un lieutenant et greffier de notre premier Chirurgien, d'un doyen, des prévots, sindics et gardes, des anciens sindics sortis de charge et de tous les autres maîtres qui ont été ou seront reçus dans la Communauté (art. 2). »

L'article premier établit les droits du premier Chirurgien et de ses lieutenants, greffiers et commis. Les arrêts, privilèges et ordonnances à eux accordés, devaient être exécutés en leur forme et teneur. « Nous maintenons et gardons le sieur Maréchal, notre premier Chirurgien, en qualité de chef et garde des chartres, statuts et privilèges de la chirurgie et barberie de notre royaume, au droit d'avoir toute inspection, jurisdiction et connaissance du fait de la barberie sur les Maîtres Barbiers, Perruquiers, Baigneurs et Etuvistes et tous les autres exerçans ladite profession ou partie d'icelle dans toute l'étendue de notre royaume, pays, terres et seigneuries de notre obéissance ; comme aussy d'avoir sa charge de jurisdiction ; et ycelle faire exercer dans toutes les Communautés desd. Maîtres Barbiers, Perruquiers, Baigneurs et Etuvistes, par ses lieutenans et greffiers ; desquels vacation arrivant, la nomination et provision particulières apartiendront à notre dit premier Chirurgien. »

« 3. — Tous les registres, titres et papiers de la Communauté à l'exception des régistres courans qui demeureront entre les mains du greffier de notre premier Chirurgien, seront mis dans une armoire particulière, sous trois différentes clés, lesquelles seront remises sçavoir : l'une entre les mains du Lieutenant de notre premier Chirurgien, l'autre en celles de son greffier et la troisième entre les mains du plus ancien des prévôts, sindics en charge.

« 4. — Sera aussy dressé tous les ans, le premier d'octobre, un catalogue où sera le Lieutenant de notre premier Chirurgien nommé le premier, lequel contiendra les noms et demeures des maîtres et de ceux qui tiendront par baux à loyer et sera led. catalogue mis dans la chambre ou bureau de la Communauté et distribué à tous les maîtres d'icelle par les prévôts sindics et gardes dans la première visite qu'ils feront chaque année immédiatement après la fête de saint Louis.

« 5. — Sera fait tous les ans élection de prévôts sindics et gardes depuis le vingt-cinq août jusqu'au huit septembre, à tel jour qui sera indiqué aux maîtres de Communauté par billets du Lieutenant de notre premier Chirurgien et ainsy continuer annuellement et aussitost l'élection faite sera nommé un receveur à la pluralité des voix des maîtres qu auront procédé à lad. élection.

« 6. — Les prévôts ainsy élus entreront en charge le premier lundy d'après la Nostre-Dame de septembre pour exercer le sindicat pendant deux années consécutives et seront tenus de faire et prêter serment par-devant le Lieutenant de notre premier Chirurgien et sera délivré à chacun d'eux par le greffier une expédition de leur réception et prétation de serment qui sera signée dud. Lieutenant, pour leur servir de commission à faire leurs fonctions de sindics, sans qu'il en soit besoin d'autre, et sera payé par chacun d'eux au Lieutenant de notre premier Chirurgien la somme de quatre livres et à son greffier celle de deux livres, tant pour la prétation de serment que pour l'expédition de leurs commissions, lesquelles ils pourront faire enregistrer au greffe de la police des lieux.

« 7. — Aussitôt que le receveur de la Communauté aura fait son année de recette, il rendra son compte deffinitivement par-devant le Lieutenant de notre premier Chirurgien, où assisteront seulement les prévôts, sindics et gardes en charge, le greffier et les maîtres qui auront passé le syndicat.

« 8. — Toutes les assemblées pour les affaires de la Communauté, élection de prévôts ou receveurs, reditions de comptes ou réceptions des maîtres seront faites dans la chambre ou bureau de la Communauté sur les billets ou mandements du Lieutenant de notre premier Chirurgien : faisons deffances aux prévôts sindics et gardes en charge et à tous autres maîtres de lad. Communauté de convoquer aucunes assemblées de leur authorité à peine de nullité des dittes assemblées.

« 9. — Dans toutes les assemblées, le Lieutenant de notre premier Chirurgien aura la première place, en suite les prévôts sindics et gardes, le doyen, les anciens et les autres maîtres qui y seront mandés, suivant leur rang dans le catalogue, et porteront honneur et respect au Lieutenant de notre premier Chirurgien, aux prévôts sindics en charge, au doyen et à tous leurs anciens à peine d'être exclus des assemblées, privés de leurs émoluments et condamnés à telle peine qu'il appartiendra.

« 10. — Après les propositions faites par le Lieutenant de notre premier Chirurgien, ou par le prévôt qui présidera en son absence, chaque maître ne pourra parler qu'à son rang et lorsque son nom sera appelé par le greffier, le tout à peine de trois livres d'amende pout la première fois et d'être privés pour toujours des entrées du bureau en cas de récidive.

« 11. — Le Lieutenant de notre premier Chirurgien, les prévôts sindics, le doyen et le greffier, et tous les anciens qui auront passé les charges s'assembleront tous les mardis de chaque semaine, deux heures de relevée pour délibérer sur les affaires communes, police et discipline qui concerneront les maîtres, veuves, aspirans, locataires, apprentifs, garçons ouvriers et tous ceux qui seront soumis à la communauté ; mais s'il survient des affaires urgentes, ils s'assembleront extraordinairement sur le mandement du Lieutenant de notre premier Chirurgien au jour et à l'heure qui leur seront indiqués, et ce qui sera arretté dans ladite assemblée à la pluralité des voix sera exécuté comme s'il avait été délibéré de toute la Communauté, à la réserve des emprunts et obligations pour deniers qui ne pourront être délibérés ni résolus que dans une assemblée générale où tous les maîtres seront mandés.

« 12. — Et pour faciliter auxdits Barbiers, Perruquiers, etc., le moyen de s'assembler, pour l'utilité des affaires de leur Communauté, nous leur permettons d'établir une chambre ou bureau en tel quartier qu'ils trouveront à propos, qui sera choisy par le Lieutenant de notre premier Chirurgien et les prévôts sindics.

« 13. — Pourront les prévôts sindics et gardes et anciens sortis de charge choisir un clerc pour garder leur chambre ou bureau, destituable toutes fois et quantes qu'ils le jugeront à propos.

« 14. — Lorsque les maîtres, veuves des maîtres et tous autres soumis à la Communauté seront mandés par le Lieutenant de notre premier Chirurgien et les prévots sindics en charge, pour se trouver aux assemblées, ils seront tenus de s'y rendre sous telle peine qu'il appartiendra.

« 15. — Chacun Barbier, Perruquier, Baigneur et Étuviste, veuve et locataire payeront annuellement les jour et fête de Saint-Louis, quinze sols à la confrairie de la communauté, qui seront employés à faire dire le service divin et autres dépenses jugées nécessaires par le Lieutenant, prévôts, sindics et gardes et anciens qui auront passé les degrés.

« 16. — Les prévôts sindics et gardes fairont célébrer le service divin en telle église qu'ils trouveront à propre, consistant en premières vêpres la veille de Saint-Louis, une messe solennelle, vêpres et salut ledit jour de Saint-Louis, et un service le lendemain pour le repos des âmes des deffunts confrères, auquel service lesdits sindics et confrères seront tenus d'assister. »

Les prévôts étaient chargés de l'exécution des statuts, à l'effet de quoi ils avaient « droit de veüe, inspection sur tout le corps desdits Barbiers-perruquiers, Baigneurs, Étuvistes, et droit de visite sur toutes les marchandises, circonstances et dépendances dudit art et profession. » (Art. 33.)

Les officiers de la Communauté, comme notaires, procureurs et huissiers, ne pouvaient être choisis ni révoqués qu'à la pluralité des voix des prévôts, sindics et anciens sortis de charge (art. 45).

2° *Recrutement de la communauté.*— Pour être reçu maître de la Communauté il fallait d'après l'article 18, appartenir à la religion catholique, apostolique et romaine, et d'après l'article 20, avoir fait « aprentissage de trois ans chez l'un desdits maîtres sans s'absenter », puis avoir « travaillé chez les maîtres l'espace de deux années consécutives après l'apprentissage... desquels services les apprentifs rapporteront des certificats en bonne forme desdits maîtres qu'ils auront servis et paraphez des prévôts, sindics, huitaine après la datte desdits certificats ».

Il était défendu à tout barbier qui n'était pas maître de la communauté « d'avoir aucun apprentif ny alloué ; à peine de nullité de l'apprentissage, de vingt livres d'amende et de cent livres de dommages et inthérêts. » (Art. 9.)

« 21.— Et pour obvier aux fraudes qui pourroient être commises, les brevets d'aprantissage seront apportés en la chambre de la Communauté dans la huitaine de la passation d'iceux à peine de cinquante livres de domages et inthérêts contre les maîtres au profit de la Communauté et pour chaque enregistrement sera payé par lesdits apprentifs vingt livres au receveur, pour le profit de la Communauté et trois livres au greffier de notre premier Chirurgien pour le droit d'enregistrement.

« 23.— Les fils de maîtres et ceux qui auront épousé une fille d'un des maîtres, seront reçeus en faisant une simple expérience et ne payeront que la moitié des honoraires ou droits que les autres aspirans payent et que celle des droits du Lieutenant de notre premier Chirurgien et greffier.

« 24.— Les aspirans qui auront fait aprentissage chez l'un des maîtres de la Communauté et satisfait à l'article vingt précédent seront receus en faisant le chef-d'œuvre qui sera cy-après expliqué en payant les droits et honoraires à tous ceux qui ont droit d'assister à leur réception.

« 25.— Aucun des aspirans ne pourra se présenter à la maîtrise sans être assisté d'un conducteur qu'il sera tenu de choisir dans le nombre des anciens qui auront passé le sindicat.

« 26. — Le conducteur sera tenu d'accompagner l'aspirant dans ses visites chez les anciens sindics sortis de charge appellés pour la réception de l'aspirant et en cas que le conducteur refuse ou néglige, il en sera nommé un d'office par le Lieutenant de notre premier Chirurgien.

« 17. — Les aspirans seront tenus de donner au Lieutenant de notre premier Chirurgien, une requette signée d'eux et de leur conducteur, à laquelle seront joints l'extrait baptistaire et les certificats de religion catholique, apostolique et romaine et services de l'aspirant.

« 28.— Le Lieutenant de notre premier Chirurgien répondra la requette d'un soit communiqué aux prévots sindics en charge et pour donner leur avis sur les qualités de l'aspirant et en cas qu'il soit jugé de bonne vie et mœurs l'aspirant pourra faire ses visites et suplier le Lieutenant, les prévôts et anciens sindics de se trouver à l'assemblée, au jour qu'il leur aura été indiqué.

« 29.— Les billets servants à convoquer l'assemblée pour la réception des aspirants et l'indication du jour seront délivrés par le Lieutenant de notre premier Chirurgien et du greffier auxquels sera payé par chacun des aspirants sans exception, sçavoir au Lieutenant trois livres et au greffier trente sols.

« 30.— Outre le Lieutenant de notre premier Chirurgien, les prévots sindics, le greffier et le doyen de la communauté, il ne pourra assister à la réception de chaque aspirant que les anciens sindics sortis de charge.

« 31. — Les aspirans qui auront fait apprentissage chez l'un desdits maîtres et qui se présenteront pour être receus au lieu et place desdits Barbiers, Perruquiers, Baigneurs et Etuvistes, seront tenus de faire en deux jours le chef-d'œuvre que les prévots sindics leur ordonneront et quand ils seront jugés de bonnes mœurs et capables ils seront receus par le Lieutenant de notre premier Chirurgien et les prévots sindics en charge et sera payé par chacun des aspirans au Lieutenant de notre premier Chirurgien et aux prévots sindics en charge à chacun la somme de trois livres, au doyen de la communauté et au greffier, à chacun trente sols, et quinze sols à chacun des autres anciens.

« 32. — Immédiatement après que les aspirans auront été receus, ils prêteront serment entre les mains du Lieutenant de notre premier Chirurgien, en présence des prévots, sindics et doyen dont il sera déclaré acte qui sera registré au greffe de notre premier Chirurgien, à peine de la nullité de ladite prétation de serment et sera payé par icelle pour chacun récipendiaire : sçavoir au Lieutenant de notre premier Chirurgien cent sols, à son greffier trente sols et à chacun desdits prévots, sindics et doyen quinze sols : ensuite pourront lesdits nouveaux maîtres receus faire enregistrer leur acte de réception au greffe de la police des lieux. »

3° *Exercice de la Barberie.* — « Art. 17. — Aucunes personnes de quelque condition qu'elles soient ne pourront exercer ladite profession es villes, fauxbourgs et ressort, soit en boutique, chambre ou autres lieux particuliers ou privilégiés sous quelque prétexte que ce puisse être, s'ils ne sont membres de la Communauté. »

L'article 43 complétait celui-ci en le développant.

« Aux seuls Barbiers, Perruquiers, Baigneurs et Etuvistes, appartiendra le droit de faire le poil, bains, perruques, étuves et toutes sortes d'ouvrages de cheveux, tant pour hommes que pour femmes sans qu'aucun puisse s'y entremettre à peine de confiscation des ouvrages, cheveux et ustansiles et de cent livres d'amende sans préjudice du droit que les chirurgiens ont de faire le poil et les cheveux et de tenir bains et étuves pour leurs malades seulement.

« 34. — Et voulant que les dits Barbiers, Perruquiers, Baigneurs et Etuvistes ayent des marques visibles de leur art pour la propreté et ornement du corps humain, nous leur permettons d'avoir des boutiques peintes en bleu, fermées de chassis à grands carreaux de verre, sans aucune ressemblance aux monstres des maitres chirurgiens et de mettre à leurs enseignes des bassins blancs pour marque de leur profession et pour faire différence de ceux des maitres chirurgiens qui en ont de jaunes avec cette inscription : « Barbier, Perruquier, « Baigneur, Etuviste ; céans on fait le poil et on tient bains et « étuves »; deffendons aux maîtres Chirurgiens et à tous autres de faire peindre leurs boutiques en bleu ny d'avoir de semblables chassis à ceux des Barbiers et aux Barbiers d'avoir des monstres semblables à celle des Chirurgiens, à peine de vingt livres d'amende et de cent livres de domages et intherets contre chacun des controvenants.

« 35. — Faisons aussy deffances à tous ouvriers de ladite profession n'ayant qualité de s'établir et de l'exercer dans les lieux privilégiés ou prétendus tels, sous quelque prétexte que ce puisse être et afin de connaître les contraventions qui se commettront au présent article, les prévôts sindics et gardes pourront se transporter dans lesd. lieux en vertu de leurs commissions en se faisant assister d'un commissaire ou d'un huissier, pour ensuite faire rapport au Lieutenant de police qui outre la confiscation des effets qui y seront trouvés sujets, condamnera les controvenants en trois cens livres de domages inthérets envers la Communauté et en telle amande qu'il appartiendra à l'effect de quoy les propriétaires, leurs officiers, concierges ou représentans dans lesd. lieux seront tenus d'aider et assister lesd. prévôts sindics à peine de deux cents livres d'amendes et de plus grande s'il y écheoit et d'interdiction contre les officiers.

« 36. — Pourront les Prévôts des Maîtres Chirurgiens aller en visite pour fait de contrevention chez les Barbiers, Perruquiers, Baigneurs et Étuvistes en se faisant assister de l'un des prévôts sindics desdits Barbiers, Perruquiers qui pourront aller en visite pour le même fait chez les Chirurgiens, en se faisant assister de l'un des Prévôts des Chirurgiens et en cas de refus par les uns ou les autres passé outre après une simple sommation aux refusans le tout en se faisant assister d'un commissaire ou d'un huissier.

« 37. — Seront tenus lesd. prévôts sindics et gardes de donner advis au Lieutenant de notre premier Chirurgien de toutes les saisies qu'ils auront faites, ensemble des abus, malversations et entreprises qu'ils auront découvert et d'en faire leur rapport dans vingt-quatre heures par devant le Lieutenant de police pour y être par luy pourveu.

« 38. — Feront les prévôts sindics et gardes leurs visites chez leurs confrères au moins quatre fois l'année ; et seront seulement tenus de se faire assister d'un huissier pour voir si les perruques et cheveux qui seront exposés en vente au public sont bons et marchands et s'ils ne se trouvent pas de la qualité requise, le tout sera confisqué au profit de la Communauté, sera payé par chacun confrère, veuve et locataire à chacune visite quinze sols, ausdits sindics et à leur profit auxquels tous les Maîtres, veuves et locataires seront tenus de déclarer alors les noms de leurs aprentifs, garçons et ouvriers et si lesd. garçons et ouvriers sont au mois ou à l'année, à leur pain et gages et leurs demeures à peine de vingt livres d'amende. »

L'article 13 soumettait aussi au contrôle des prévôts sindics toutes les marchandises concernant la profession, tant foraines qu'autres qui arrivaient et se débitaient en gros et en détail, es villes et fauxbourgs. On devait les apporter, dans les vingt-quatre heures, dans la Chambre de la Communauté, pour être vues et visitées par les Prévôts avant qu'elles puissent être exposées en vente, à peine de confiscation et de cent livres d'amende.

Les articles suivants réglaient la location des privilèges.

« 39.— Pourront tous les Barbiers, Perruquiers, Baigneurs, Étuvistes et leurs veuves louer leurs privilèges sans être tenus de demeurer chez leurs locataires à condition que les propriétaires des privilèges louéz ne pourront travailler en aucune manière que ce soit de leur profession à peine d'être décheus de leurs privilèges et de cent livres d'amende et que tous les locataires seront tenus de passer leurs baux à loyer par devant notaires et de les faire enregistrer dans la huitaine de la passation d'iceux dans un registre particulier tenu par le greffier de notre premier Chirurgien et sera payé par iceux quatre livres au receveur pour le profit de la Communauté et vingt sols aud. greffier pour le droit d'enregistrement sous peine de vingt livres d'amande.

« 40. — Ne pourront aucuns locataires céder leurs baux à loyer sans le consentement par écrit des propriétaires d'iceux auquel cas seront teneus les preneurs de faire enregistrer dans huitaine leurs cessions, ensemble les continuations qui leur seront faites des baux, tous lesquels actes seront passés par devant notaires, le tout à peine de vingt livres d'amande et sera payé au greffier de notre premier Chirurgien les mêmes droits pour lesd. enregistrements que pour celuy des baux à loyer. »

Il était interdit (article 41) à peine de vingt livres d'amende et de cent livres de dommages-intérêts à tout Maître, veuve ou locataire de « travailler ny faire travailler de leur profession en différents ateliers ny maisons. »

« 42. — Nul Maître, veuve ou locataire ne pourront retirer ny se servir d'aucuns garçons ny ouvriers sans un congé par écrit des Maistres de chez qui ils seront sortis à peine de dix livres d'amende et de cinquante livres de domages et inthérets contre lesd. maîtres, veufves, locataires, garçons et ouvriers.

« 46. — Tous domages et inthérets encourus pour contravention aux présentes et prononcées par les juges seront mis dans le coffre de la Communauté et le receveur d'icelle sera tenu de s'en charger dans la recette de son compte.

« 47. — Voulons que s'il survient quelques contestations au sujet des présents articles ou opositions soit en exécution d'iceux tant de la part d'aucuns des Maîtres Barbiers, Perruquiers, Baigneurs et Etuvistes ou autres particuliers même du chef de quelqu'autre Communauté ou de personnes privilégiées ou prétendues telles même par rapport à l'étendue de leurs privilèges soit personnels, soit réels ou de territoire, que les parties se pourvoyent en première instance par-devant le Lieutenant de police de chaque ville où les Communautés sont établies et par apel aux cours et sièges qui en doivent connaitre sans aucune dérogation néanmoins aux droits de notre premier Chirurgien, de ses lieutenants, greffiers ou commis, lesquels droits seront conservés en leur entier conformément à nos lettres patentes des vingt-un janvier mil sept cent dix, vingt-cinq aoust mil sept cent quinze, vingt-un janvier mil sept cent seize et autres randues en conséquence. »

D'après l'armorial de France, le blason des Maîtres Barbiers, Perruquiers, Baigneurs, Etuvistes royaux de la ville de Marseille était de gueules, à une perruque d'argent, tenue par une main dextre de carnation parée de même, vêtue d'or mouvante du flanc senestre d'une nuée d'argent et un chef cousu d'azur chargé d'un soleil d'or (1).

Sur un débris de cachet de cire rouge que l'on trouve dans le registre des Délibérations du corps de 1751 on peut lire en exergue les lettres suivantes : UTANT UTILES Q. Elles représentent sans doute le début de leur devise qui était peut-être : *autant utiles que*. . .

Pendant quelques mois, la Communauté semble avoir retrouvé le calme et ne s'occupe que de mesures disciplinaires

(1) De Régis de la Colombière, *loc. cit.*, p. 153.

contre les délinquants. Le 8 mai 1726, c'est le sieur Meisson, rentier, qui a vendu une perruque à bourse de fabrique tout à fait condamnable et qui est puni de 20 livres d'amende avec restitution à l'acheteur du prix de la marchandise.

Le 31 janvier 1727 ce sont dix-huit perruques qui sont saisies à Henri, marchand de cordes de violons, et vingt paquets ou environ de grisaille contenus dans un pâté qui sont pris chez un boulanger. Mais cette grisaille ayant été réclamée par le sieur Gassier, rentier, comme lui appartenant, lui est rendue.

Le 18 février on décide de poursuivre tous les rentiers qui, contrairement aux statuts, n'ont pas passé leurs baux à loyers par-devant notaire, puis rière le greffe du premier Chirurgien.

Le 4 mars 1727, c'est le clerc Labory qui se plaint que les maîtres ne font pas de difficulté de prendre des garçons de toute autre main que la sienne : puis c'est un garçon, Pelletier, auquel son maître, Henry, refuse de payer 7 liv. pour ses salaires convenus en prétextant « qu'une teste s'est perdue dans le temps qu'il étoit chez lui ». Henry est condamné à payer les salaires en déduisant 20 sols pour la teste perdue, mais le garçon doit rester chez son bourgeois six jours pour lui donner le temps qu'un autre occupe sa place, et le récit de ces débats plus ou moins curieux pourrait être indéfiniment allongé.

Bureau du Corps

Le Corps, depuis 1727, se réunissait *dans son Bureau*, mais je n'ai pas trouvé d'indications sur l'emplacement qu'il occupait. Il reçut, en 1738, des embellissements que permirent de faire quelques fonds provenant des amendes infligées aux délinquants. On avait déjà projeté de faire des sièges ou banques pour s'asseoir « attendu que des chèses ne convenoient pas dans une jurisdiction et que pour la décoration du lieu il convenoit qui ly eu des banques avec un siège royal au milieu avec un petit dai et les armes du Roy entourées des cordons des Ordres de Sa Majeté, esculptés pour marque visible que le Roy la establie et pour inspirer le respect à tous ceux qui y sont soumis. »

En 1747 la communauté acquit de l'hôpital général de la Miséricorde une maison sise rue Saint-Pierre martyr, près les Prêcheurs (1). On avait d'abord emprunté 1.000 livres pour les réparations qui étaient nécessaires, mais il en fallut 3.000. C'est dans cette maison, que le bureau syndical fut établi et indiqué en 1756 par un écusson. Etait-ce la présence du Lieutenant Favet, ou toute autre cause, les membres étaient peu assidus aux assemblées. Le 25 mars, on attendit pour ouvrir la séance de trois heures à cinq heures et demie, et néanmoins des trente-huit membres qui composaient la communauté, il en vint dix à peine, y compris le Lieutenant, trois syndics et le greffier. L'ordre du jour était cependant de quelque importance. Il y avait à délibérer sur une taxe du droit de confirmation de 1.752 livres que demandait le Roi. On protesta contre les absents de tous les évènements qui pourraient survenir de la part du sieur Ruat. Celui-ci, qui était chargé du recouvrement de l'impôt, fit en effet des frais au Corps et mit garnison chez le sieur Savornin, premier syndic.

Le 1er avril, nouvelle assemblée : vingt-cinq présents. On décida d'emprunter la somme de 1.752 livres. Le sieur Henry, après avoir donné son suffrage et consenti à l'emprunt, refusa de signer la délibération. Tout le Corps, à la suite du greffier, inscrivit sa protestation contre sa conduite.

Démêlés entre le Lieutenant Favet et le Corps

Au mois d'avril 1728, Favet convoqua en assemblée extraordinaire les syndics et les anciens composant le bureau pour faire faire une enregistration. L'assemblée ne put encore avoir lieu faute de membres. Favet s'était pourvu contre eux, mais il fut débouté. Quoique ayant perdu son procès, une

(1) De Régis de la Colombière, *loc. cit.*, p. 151.

sentence fut rendue le 22 octobre condamnant le Corps aux dépens. Cette décision surexcita vivement les esprits. Les syndics réunirent une assemblée sans le Lieutenant et peut-être malgré lui. Le cas n'était pas prévu dans l'article 8 du règlement de 1725. Mais peut-être l'avait-on modifié dans le sens du règlement des Chirurgiens (1). L'assemblée eut lieu le 15 novembre « en présence de M. André Aurelly, commissaire de police, par ordonnance randue par MM. les Lieutenants généraux de police le 10 courant ».

Les quatre prévôts et dix-huit membres étaient présents.

Le premier syndic Portal déclara qu'il ne pouvait acquiescer à la sentence du 22 octobre et demandait à l'assemblée si elle était d'avis d'acquiescer ou de faire appel.

Le second syndic Chastan protesta, avant toute délibération, contre « la continuité des entreprises que faisaient Portal et Pascal ses collègues, contre sa qualité de second syndic puisqu'on avait requis l'assemblée sans son consentement et qu'on l'avait même convoqué comme un simple membre. D'autre part, le décret qui permettait ladite assemblée ordonnait qu'elle soit préalablement purgée de ses membres suspects ; les sieurs Portal et Androny, syndics, et quelques autres anciens se trouvaient suspects « pour y avoir de chef de pronontiation contre eux ». Chaston requiert le commissaire Aurelly d'ordonner que les sieurs Portal, Androny, Imbert, Hugues, Terran, Roure, Cauvin et Curel « ayent à sortir pour laisser le Corps dans une entière liberté d'aupiner ».

Les syndics déclarent que c'est Chastan qui a refusé de signer les billets, que dans la proposition de l'assemblée il n'y a rien de personnel ni aux syndics ni aux anciens ; il s'agit de savoir si le Corps doit supporter les dépens d'une sentence qui condamne personnellement le sieur Favet.

Chastan insiste : la lecture de la sentence suffit à prouver qu'elle vise les syndics et anciens et autres. Le Corps ne peut

(1) Art. XV, v. p.

être libre pour délibérer sur la question des dépens, si les syndics et anciens sont présents, puisqu'ils ont soutenu le procès sans aucune délibération du Corps et qu'ils s'avisent aujourd'hui qu'il a été rendu une sentence de lui en donner avis.

Le commissaire concède acte aux parties: tous les autres assemblés ont déclaré adhérer au dire des syndics à l'exception de Pierre Curel et du greffier Mistral qui ne prennent aucune part à la contestation des parties. L'affaire est renvoyée au Lieutenant Général de police.

Le 22 novembre, nouvelle assemblée convoquée par les syndics avec la permission des Lieutenants généraux de police et l'assistance du commissaire de police Aurelly. Treize membres sont présents, mais ils sont tous modernes, le Lieutenant, les anciens et les deux syndics Portal et Androny ont été exclus, comme le demandait Chastan. Celui-ci déclare que le procès de Favet doit être considéré comme particulier, le Corps n'en ayant pas eu connaissance ni donné aucun pouvoir. Il propose de faire appel. Sauf Mistral, qui acquiesce à la sentence, et Hugues qui demande à prendre conseil, tous les maîtres sont d'avis d'appeler au Parlement et auparavant de prendre l'avis du Conseil du Corps pour savoir contre qui on doit faire appel. Joseph Henry, J.-B. Riquier, Morel, Charles Antoine, Rocque, Honoré Hugues sont nommés pour assister avec les syndics au Conseil.

Catalogue du Corps

Pendant que les jeunes membres de la communauté s'agitent ainsi contre le Lieutenant Favet, celui-ci réunit le 25 novembre un bureau extraordinaire pour dresser le catalogue que prescrivait le règlement. Ce bureau est autorisé par Monsieur maître Louis Dauphin, échevin, un des sieurs Lieutenants généraux de police et Pichatty de Croixsainte, procureur du Roi, en compagnie de M. Louis Villon, greffier du Lieutenant, et François Giraud, huissier.

Treize membres sont présents, tous anciens sortis de charge ainsi que les quatre syndics. Deux membres sont absents, Jean Estienne et Jean-Baptiste Chastan. Le Lieutenant veut agir contre eux, mais Mᵉ Berthot, présent pour Estienne, dit qu'il est indisposé, que sa femme est dangereusement malade et qu'il n'est d'ailleurs pas compris dans l'injonction de la sentence du 22 octobre.

Jacques-François Chastan dit que son frère J.-B. Chastan n'est pas compris non plus dans le nombre des anciens, car il n'a jamais passé par le syndicat et les charges et qu'il a « d'ailleurs déclaré ne pas vouloir être compté parmi les anciens ». On dresse le catalogue du Corps dont voici, à titre de spécimen, la teneur pour l'année 1728 : il donne une idée très exacte et complète de la composition de la communauté.

ARMES DU ROY IMAGE DE SAINT LOUIS ARMES DE LA VILLE

CATALOGUE DE L'ANNÉE 1728

contenant les noms, prénoms et demeures des maîtres Barbiers, Baigneurs, Etuvistes, et Perruquiers héréditaires de cette ville, fauxbourgs et terroirs de Marseille suivant le rang de leur réception et de leurs veuves et des locataires à beaux avec les noms des prévôts sindics et gardes et anciens quy ont passé les charges et doivent assister aux réceptions des maîtres et aux assemblées portées par l'article XI des lettres-patentes de Sa Majesté en forme des estatus :

M. Pierre Favet, lieutenant de M. George Maréchal, escuyer, conseiller, premier Chirurgien du Roy, chef et garde des chartres, status et privilèges de chirurgie et barberie du royaume, rue de la Loge.

Les Prévôts sindics et Gardes en charge :

Jacques Portal..................... place des Hommes
Jacques-François Chastan......... À la Loge

Melchior Androny................	au Cours
François Pascal....................	au Cul-de-Bœuf

Doyen et anciens Sindics :

Joseph Vincens, doyen............	au Cours
Jacques-Joseph Didier............	rue Dauphine
Marc-Antoine Imbert..............	sur le Port
François Richaud....................	rue de la Loge
Charles Savornin....................	au Cours
François Rance......................	aux Enfants Abandonnés
Jean Estienne.......	à la Petite rue de Rome
Jean-François Terran.............	au Cours
Joseph Cauvin........................	place Saint-Louis
François Hugues....................	au coin rue St-Ferréol
Pierre Roure...............	Place Neuve
Pierre Curel..........................	au Cours

Maîtres héréditaires :

Joseph Vincens, doyen............	au Cours
Jacques-Joseph Didier, ancien.....	rue Dauphine
Marc-Antonin Imbert, »	sur le Port
François Richaud, »	rue de la Loge
Charles Savornin, »	au Cours
Francois Rance, »	aux Enfants Abandonnés
Marius Masse........................	sur le Port
Pierre Favet, ancien...............	rue de la Loge
Jean Estienne, »	à la Petite rue de Rome
Jacques Portal, »	place des Hommes
Jean-Baptiste Chastan.............	au quay des Augustins
Jean-François Terran, ancien......	au Cours
Melchior Androny, »	au Cours
Jacques Cauvin, »	place Saint-Louis
François Hugues, »	au coin rue St-Ferréol
Pierre Roure, »	place Neuve
Barthélemy Paris..	vis-à-vis la Loge

Mathieu Morel.................... au Cours
Joseph Henry.................... au Cours
Nicolas-Charles Massuque.......... rue Saint-Ferréol
Pierre Curel, ancien.............. au Cours
Jean-Baptiste Riquier, receveur.... sur le Port
Jacques-François Chastan, ancien... à la Loge
François Arazy.................... au Cours
François Pascal, ancien. .... au Cul-de-Bœuf
Pierre Brunière. .... sur le Port
André Roustan. .... rue Royalle
Jean-Baptiste Mistral.............. place de Linche
Michel Meyfredy.. .... rue Saint-Ferréol
Joseph Brouquier.................. rue de la Loge
Pierre Meisson....................
Antoine Jubellin...................
François Giraud............. .... sur le Port
Antoine Rey.. .... sur le Port
Joseph Pierre Bérard.............. place Neuve
Joseph Jourdan.................... sur le Port
Marc Frillot...................... à la Fontaine-Longue
Cyprien Châteauneuf. .... à la rue de Rome
Honnoré Hugues........... à la Petite porte des Augustins
André de Borde...................
François Vincens. .... rue de Jérusallem
Pierre Vincens............. à la Grande porte des Augustins
Estienne Roux. .... au Cours
Charles-Antoine Rocque. .... rue de La Loge
Lazare-André Jausserandy......... rue Saint-Ferréol
Jean-Baptiste Mistral, greffier...... place de Linche

Veuves :

La veuve David...................

Héritiers :

Hoirs de Jean-Grégoire Augier
» de Armellin

Heoirs de Jacques Joffre
» de François Mistral
» de Joseph Imbert
» de Claude Gontier
» de Domergue
» de Jean Hugues

Locataires :

Joseph-Gouiran, rantier du Corps..	rue Sainte-Anne
Nicolas Boivin, » ..	rue Saint-Ferréol
Nicolas Séris, » ..	rue Saint-Ferréol
Simon David, » ..	au Cours
Jacques La Combe, » ..	à la Grande-Rue
Pierre Meyfredi, rantier des heoirs de Gontier....................	au Cours
François Garcin, rantier de Rance..	sur le Port
Nicolas Poisse, rantier des hoirs de Joffre......................	rue Coutellerie
Honnoré Gassier, rantier de Deydier	sur le Port
Claude Guiraud, rantier des hoirs d'Augier......................	à la Grotte des pourcins
Boniface Isnard, rantier des hoirs de Domergue..................	rue Négrel
Benoît Rat, rantier des hoirs de F. Mistral..	rue Saint-Ferréol
Laurens Tricon, rantier de Jubellin.	rue du Tapis-Vert
Jean-Jacques Ganivet, rantier de la veuve David..................	rue Coutellerie
Marcellin Imbert, rantier de Meisson	à la Grande-Rue
François Rivière, rantier de Deborde	rue de la Loge
Jacques-Estienne Bayol, rantier des hoirs de Huguet...............	sur le Port
Léger Mourier, rantier de Bruyère..	sur le Port
Joseph Segondy, rantier des hoirs de Imbert..........	au Cours

Achat de la Lieutenance par le Corps

Les discussions étaient toujours très vives. L'assemblée des anciens, convoquée par Favet le 4 janvier 1729, ne put avoir lieu « par la continuation du tumulte et désordre que lesd. Pascal, Androny, sindics, Hugues, Roure, Imbert, Terran et Rance auroient fait et renouvelé par l'arrivée de Mᵉ Fabron, notaire, qui seroit survenu pour verbaliser pour raison de la querelle entre eux et le greffier Mistral. »

Le 27 du même mois, malgré l'opposition de Favet, les modernes tiennent une nouvelle assemblée avec la permission des Lieutenants-généraux et la présence de Roman, commissaire.

Le premier et le troisième syndic, Portal et Androny, sont absents comme suspects.

Les syndics qui sont à la tête du mouvement, Chastan et Pascal, ont reçu une consultation de deux avocats de la ville, Duquesnay et Granier, en vertu de laquelle ils ont assigné Favet par-devant la Cour de Parlement. Ils se sont adressés à un avocat d'Aix, Mᵉ Chaudon. Mais le greffier Mistral refuse de signer cette déclaration, et n'entre ni directement ni indirectement dans les frais de l'instance nouvelle.

Tandis que les procédures suivaient leurs cours, les propositions d'honnête accommodement de 1725 avaient sans doute été reprises, car on trouve en 1729, la vente par Favet de sa charge de Lieutenant à la Communauté, qui met la réserve expresse que tous les revenus de cette charge seront pour le profit du Corps et non autrement.

Cependant Favet préside encore la séance du 15 février, dans laquelle on voit le sieur Perrin, lieutenant du premier Chirurgien à Aix, le sieur Besson, prévôt syndic, et le sieur Bal, maître de la même Communauté, demander quelques égards favorables au sujet de la saisie faite à un Chirurgien, le sieur Baron, qui habite près de l'église de la Trinité. Ce dernier abandonnerait la saisie à lui faite sans rien prétendre,

Cette proposition est acceptée, sans préjuger de l'avenir en cas de récidive et seulement en considération des personnes qui demandent.

Le 20 février, Jean Portal représente qu'il est très nécessaire pour maintenir le bon ordre et pour le bénéfice du Corps de nommer et commettre un des anciens pour faire les fonctions de Lieutenant de M. le premier Chirurgien du Roy tout ainsy que faisait auparavant le sieur Pierre Favet.

On nomme Jean-François Terran, ancien premier syndic, et l'on adopte la délibération suivante qui est confirmée le 29 mars : « Les anciens sindics sortis de charge feront la fonction de Lieutenant une année tant seulement et s'exercera par le premier sorty de charge sans toutefois que les sindics en fonction soyent obligés d'aller demander lorsqu'ils voudront assembler le Corps la permission aud. Lieutenant ny lui faire raport de cesies sinon qu'en prochaine assemblée pour éviter contention. »

Faits divers

Le 17 février 1729, une délibération fut prise portant pouvoir aux syndics de faire travailler à de nouveaux règlements, « notamment à l'article des Estatuts qui excluait des assemblées les maîtres qui n'avoient point passé par le syndicat. » La discussion fut orageuse et l'affaire resta pendante jusqu'en février 1730. Arazy avait fait signifier par Giraud, huissier, une requête aux syndics, tendant à l'exécution de cette délibération ; Me Duquesnel la trouvait fondée. D'autres ajoutaient que l'opposition n'était qu'une pure jalousie de la part des anciens.

Ce n'est que le 17 février 1730 que pour la paix et l'union du Corps on nomma six anciens, Vincens, doyen, Imbert, Savornin, Rance, Estienne, Terran et six modernes, Maurel, Riquier, Mistral, Hugues, Rocque, Fourton pour travailler à faire un règlement dans le sens de la délibération de 1729.

A plusieurs reprises, notamment le 29 septembre 1723, on

avait rappelé aux membres l'article 11 des anciens statuts qui portait expressément « qu'aucun maistre ne pourroit se loger auprès de ses collègues, à moins de trois maisons de distance. » Le 10 octobre 1730, le sieur Mathieu Maurel prend requête contre Jacques Le Roux et Estienne Roux, qui se sont logés trop près de lui et qui n'ont pas daigné répondre à la signification qu'on leur a faite de vider les lieux en trois jours. Mais le vendredi 13 octobre la Communauté revient sur le règlement d'autrefois : « Vu la grande difficulté qu'il y a à pouvoir chercher des maisons propres à des Perruquiers pour se placer avec la distance de trois maisons franches entre les deux et d'autant que lhors que cest article a esté establi il n'y avoit que vingt perruquiers et qu'il en a aujourd'hui soixante », elle ordonne que lesd. Roux resteront paisiblement dans leur arrantement.

On trouve encore, en 1731, des signes d'agitation au sein de la Communauté. Le 21 avril, ce sont deux maîtres, Arazy et Mathieu, qui ont parlé hors de leur rang et mis le désordre dans l'assemblée, et contre lesquels procès-verbal est dressé par le greffier.

Le 31 octobre, ce sont trois maîtres, les sieurs Jacques-François Chastan, J.-B. Mistral, Honoré Hugues, qui viennent demander aux syndics, en présence du Commissaire de police et en exécution d'une ordonnance des Lieutenants-généraux, de leur remettre les comptes des trésoriers depuis 1719 jusqu'à ce jour avec les pièces justificatives. On ne trouve dans l'armoire aucune pièce justificative des comptes sauf pour l'exercice 1721-1722. Le compte des bains fait notamment défaut. Les syndics font observer que les archives n'ont été établies qu'à la suite des nouveaux statuts. Les requérants déclarent que l'absence de ces pièces est inexcusable, puisqu'elles sont inséparables des comptes. Les syndics disent que cela ne les regarde nullement, et après une altercation assez vive, l'incident en reste là.

Les garçons perruquiers étaient de leur côté dans une période d'efferveseence. Le 5 juillet 1735, le soir à 10 heures, deux garçons jetèrent des pierres sur les vitres du sieur Pascal. On requit la patrouille, mais le maître Châteauneuf, chez qui logeait un des garçons, le fit évader. Les deux garçons furent condamnés à vider Marseille dans les trois jours et Châteauneuf à 30 livres d'amende, applicables à l'Hôtel-Dieu.

Le 20 janvier 1738, c'est le maître Guillaume d'Elphosse qui fut insulté avec son épouse, vers huit heures du soir, sur le Cours. « Le sieur d'Elphosse s'étant dérobé par une autre porte pour tacher de reconnaitre ces insolens et libertins, porta la main sur le nommé Delainé, garçon qui travaille chez le sieur Chateauneuf. Cité devant l'assemblée, Delainé a répondu qu'il se moquait du Corps et refusait de venir. »

Il est condamné, pour son refus de venir, à dix livres d'amende applicables à la décoration du bureau et pour son insulte à sortir de la Ville pendant six mois.

Enfin, le 7 mai 1737, le désordre des garçons est général dans les boutiques où ils travaillent : ils ont donné lieu à un grand dérangement de travail chez la plupart des Maîtres.

Ce sont encore quelques délits professionnels. Ainsi le 6 février 1738, Marguerite Redotier, femme de Christophe Mouton, pescheur, ayant donné quatorze onces de cheveux à Michel, perruquier, pour faire une perruque pour son mari, moyennant quatre livres de façon, paye à la livraison. La perruque n'était pas conforme aux cheveux. Sur la plainte de sa cliente, Michel est condamné à payer les cheveux, qui sont estimés cinq livres, à restituer les quatre livres, et pour sa contravention il est poursuivi par-devant MM. les Lieutenants généraux de police.

Un Maître, nommé Cauvin, qui avait arranté sa faculté à Brunet depuis plusieurs années, s'était avisé d'ouvrir boutique avec enseigne, sous un arrentement avec quelqu'un qui n'avait aucun pouvoir ni titre. Malgré ses protestations qu'en qualité de Maître, il n'était pas tenu de faire enregistrer le contrat d'arrentement, il est condamné à cette enregistration au greffe en payant les droits et à vingt livres d'amende pour ne l'avoir pas fait en temps voulu. Le 6 octobre suivant, il rencontra sur le Cours : Gassier, premier syndic ; Savornin, doyen, et le clerc Guérin. Il les aborda d'un air de mépris, comme voulant les insulter, leur reprochant la sentence que le Corps avait obtenue contre lui. Le syndic dit qu'il n'avait pas pu faire autrement. Gauvin le traita de *canaille* et reconnut le fait devant l'assemblée. Il fut privé des entrées à l'assemblée pendant trois mois et frappé de trente livres d'amende, « si mieux n'aime venir faire excuses devant le Corps assemblé et se rétracter de toutes mauvaises raisons. »

Il fit des excuses le 10 novembre 1739.

Après cette période agitée, le fonctionnement de la Communauté se poursuit avec calme pendant plusieurs années.

On trouve à relever l'homologation de nouveaux règlements par arrêt de la Cour du 9 août 1735 ; ils contenaient notamment un article défendant aux locataires de mettre leurs noms à leurs enseignes. Ceux-ci firent opposition et le procès traîna en longueur pendant deux ans. Le 26 novembre 1737, on donna pouvoir aux syndics d'aller à Aix « pour faire reprendre les idées aux avocats et procureurs du Corps pour faire poursuivre à un jugement définitif. »

Quelques saisies donnèrent lieu à des incidents. Celle qui fut faite chez le sieur Varenne, fameux chambrelant, déjà pris plusieurs fois en contravention, fut particulièrement mouvementée. Le syndic assisté de Giraud, huissier, trouva porte close. Après plusieurs instances pour éviter des frais, on la fit ouvrir par un serrurier et on trouva sa femme « qu'elle avoit mis toutes ses marchandises sous ses jupes et la menassant d'envoyer prendre une sage-femme pour la visiter, elle vouloit sortir de force ; la voulant retenir elle se mit à crier au secours, à l'aide, on m'assassine. Voilà d'abord que vient une troupe de femmes qui tombèrent sur tous les saisissants et font évader la femme, les déchirant et les menassant et luy criant toutes sortes d'injures et d'imprécations au point qu'elles empêchèrent la saisie », de plus elles ont imaginé de donner une requête pardevant M. le Lieutenant criminel pour tacher de suspendre les exécutions qu'on avait droit de faire contre eux.

Le 10 juin 1738, c'est le sieur Mulsot qui est saisi. Celui-ci fait solliciter *presque toutes les dames* auprès de MM. les Echevins pour éviter un jugement. Les syndics furent priés par des personnes auxquelles ni le Corps ni eux-mêmes ne sauraient rien refuser.

Mulsot n'étant qu'à son premier délit, on laissa les syndics terminer l'affaire en s'en remettant à leur sage conduite.

Quelques années après, 25 juillet 1748, c'était un Chirurgien, Maître Reynaud, qui avait été saisi, puis condamné par le Lieutenant de police, puis par la Cour à Aix. Cependant avant la signature de l'arrêt, Reynaud « s'avisa de pleurer devant les juges et de les solliciter de revoir l'arrêt, autrement il estoit ruiné. » Plusieurs juges avaient donné leur consentement à cette revision, mais le sieur Graffan, procureur du Corps, avait tout de suite averti de ces démarches le Corps des Perruquiers qui envoya à Aix le syndic Solon et le Maître d'Elfosse. Les juges leur demandèrent d'user de douceur avec Reynaud. Les frais étant de 783 livres 17, on accepta de lui faire remise de 83 livres. Le cinq septembre on réduisit la somme à 600 livres, mais le 18 septembre, il n'avait pas encore pu payer et on dut le poursuivre de nouveau. Les choses traînèrent en longueur et le 21 octobre 1750 on trouve ce malheureux Reynaud, encore condamné, devant 330 livres et demandant des adoucissements.

Procès contre les Chirurgiens

Il semble du reste que les empiètements des Chirurgiens sur le privilège des Perruquiers, ou même leurs tendances à éluder leurs propres règlements, n'aient jamais été aussi fréquents qu'à cette époque.

Le 6 novembre 1744 (1), les Perruquiers déclaraient que

(1) Registre P, commencé le 26 novembre 1744 et fini le 26 avril 1745.

« depuis un temps indéfini, les Maîtres Chirurgiens s'étaient mis sur le pied d'arrenter des titres de Chirurgiens à des garçons sans expérience, de tenir boutique ouverte de Chirurgie contre les arrêts de Sa Majesté. C'est un abus, disaient-ils, qui est contraire au public et à nous tous tant que nous sommes. » On délibéra de mettre les Chirurgiens en cause pardevant qui de droit pour les faire condamner à faire fermer les boutiques qu'ils font tenir, de plus aux dommages et dépens.

26 novembre 1744. Les Syndics ont fait visite chez tous les garçons Chirurgiens qui tiennent boutique ouverte pour savoir de quel droit et à quel titre. Ils ont dit que c'était en vertu des arrantements qu'ils prétendent avoir été passés soit de la part du Corps, des Maîtres Chirurgiens ou des veuves. Ce n'est qu'un mauvais prétexte, car le fait fut-il vrai, dit la Délibération, d'après l'opinion des Conseils qui avaient été consultés, il n'en serait pas moins une contravention formelle. « La maistrise d'un Maître Chirurgien n'est point cessible ny susceptible d'arrantement soit de la part du Corps, des Maîtres ou des veuves ; ne leur est permis aux Maîtres que de jouir de la maîtrise par eux-mêmes et aux veuves de régir le privilège de leur mari par un garçon de manière que de quelque façon qu'on envisage le fait, la contravention est manifeste. » On poursuivit dix-sept garçons Chirurgiens devant le tribunal de police. Trois d'entre eux, Sicard, Moissonet et Bernard, furent condamnés par défaut le 11 décembre. Les Prévôts des Chirurgiens firent proposer un arbitrage pour les autres. Ils choisirent Mᵉ Lavabre, procureur, qui eut à s'aboucher avec Mᵉ François Portalier, procureur du Corps des Perruquiers ; mais la terminaison de l'affaire n'est pas connue.

En avril 1750, nouvelle délibération de faire fermer toutes les boutiques de Chirurgiens qui se trouvaient dans le cas de contravention. Il paraît qu'elles étaient nombreuses. On signale surtout Thomas Michel, rentier du sieur Dalest, Maître Chirurgien, qui ne fait pas de difficulté de tenir des garçons Perruquiers, même contre une ordonnance rendue par

Mgr de la Tour, intendant, qui deffendait au sieur Dallest de faire régir son office par le sieur Michel.

La lutte entre Chirurgiens et Barbiers n'était pas locale, car en juin 1751, ces derniers apprirent qu'à Lyon et à Orléans on avait pris des arrêts en leur faveur. Ils firent venir un exemplaire d'une sentence rendue par Messieurs les Prévôts Marchands et Echevins de la ville de Lyon, juges de juridiction consulaire de la police des arts et métiers du 30 may 1748, confirmée par un arrêt du Parlement de Paris du 3 mars 1751, et un exemplaire d'une autre sentence de police du 3 mai 1747 rendue par M. le Lieutenant général de la ville d'Orléans, confirmée par un arrêt du 4 juin 1749. Ces sentences portaient déffense aux Chirurgiens de ces Communautés de friser, pomader, poudrer et acomoder les cheveux et perruques tans en leurs boutiques que chez les bourgeois et en auberge et de le faire faire par leurs garçons.

Les perruquiers de Marseille décidèrent de poursuivre de nouveaux les Chirurgiens, qui « contre la littérale disposition des Lettres-patentes empiètaient sur leurs droits soit en peignant des perruques dans leur boutique, frisant et acomodant les cheveux, même dans les auberges et chez les bourgeois. Mais on prévint auparavant les Syndics des Chirurgiens des intentions de la Communauté.

14 décembre 1751. La requête portée contre les Chirurgiens par-devant les juges d'attribution ne fut pas suivie d'une sentence de nature à satisfaire les perruquiers et ils en appelèrent devant le Parlement. Cet arrêt ne dut pas être plus favorable et le 1er mars 1753 les Syndics demandaient l'avis de la Communauté au sujet de la cassation qu'on serait en droit de demander au Grand Conseil de l'arrêt rendu par le Parlement de Provence. Un procès analogue se débattait à Bordeaux entre les Chirurgiens et les perruquiers.

Le sieur Aussonne, avocat et conseil du Corps, ne fut pas d'avis de poursuivre le jugement rendu à Aix au Conseil du Roi, parce que « cette contestation s'était produite dans différentes provinces et les Parlements n'ayant pas jugé de même que celui de Paris, il devait y avoir bientôt un règlement général sur ce sujet pour restreindre les Chirurgiens, dans ce qui appartient dans leur art sans empiéter sur les Perruquiers. » Il conseille plutôt d'adresser un mémoire à M. le premier Chirurgien qui souhaiterait du reste que « tous les Chirurgiens se tinssent à leur profession. »

En réponse aux conseils judicieux de Mᵉ Aussonne, on décida de lui faire un présent des denrées du crû de ce pays n'excédant pas toutefois 72 livres.

Je n'ai pas d'autres renseignements sur les débats qui agitèrent les Barbiers et les Chirurgiens.

Sans doute, si nous avions pu consulter les registres de ces derniers, nous aurions appris que l'exercice illégal était réciproque et qu'ils avaient à se défendre contre l'usurpation par les Barbiers de la saignée ou d'autres opérations de leur ressort, comme en témoignait l'ordonnance de l'intendant Lebret (voir p. 33). Mais nous n'avons aucun document sur ces faits et dans tous ceux qui sont venus jusqu'à nous, il faut reconnaître qu'on reproche plus souvent aux Chirurgiens de faire des perruques qu'aux Barbiers d'avoir fait de la chirurgie.

Fête de Saint Louis

On était aux économies. On supprima pour toujours la musique, les pains benis et les bouquets que depuis 1697 on avait la coutume d'avoir pour la saint Louis. C'était une grande dépense qui ne servait qu'à faire de la jalousie parmi les Maîtres. On décida également le 28 août de la même année 1738, de ne plus donner aux RR. PP. Recollets que quinze livres pour tous les services qui se célébraient à l'occasion de la fête patronale. Cette mesure fut l'occasion d'un incident. On représenta aux religieux qu'on ne leur donnait autrefois que six livres et qu'ils pouvaient se contenter de quinze. Ils demandèrent au moins de ne pas le dire aux autres Corps qui faisaient leur feste dans leur église « pour que cella ne leur porta pas préjudice. » Mais le jour de la fête ils en donnèrent aux Perruquiers pour leur argent et n'allumèrent que six cierges et deux petits devant le trône du Très-Saint Sacrement. Les Maîtres outrés d'un tel mépris qui n'a point d'exemple fait à Dieu et à saint Louis qui est son titulaire, d'un tel affront qui n'est pas tolérable et qui regarde tout le Corps et les particuliers et dont l'avenir doit être instruit, délibérèrent que dorénavant ils ne feraient plus la fête de saint Louis dans l'église des Recollets et qu'on choisirait telle église que les syndics trouveraient à propos. « Si jamais il s'en trouvait qui se laissassent fléchir par les prières séduisantes de quelques, tant des membres du Corps qu'autres personnes, le Corps leur interdit à tous les membres d'iceluy qui oseraient intervenir, les prive d'honneurs, du syndicat, des entrées des assemblées et de tous les droits et honoraires du Corps. »

Les réunions pieuses se firent les années suivantes chez les R. P. Observantins.

Le 29 juin 1744, la déclaration de guerre que le Roy avait fait aux Anglais nécessita de la part des Perruquiers la formation d'une compagnie de garde bourgeoise. Le nombre des Maitres n'étant pas suffisant pour faire face à la dépense, on dut y faire participer les rentiers, Le capitaine, M. de Flotte, fit comprendre aux Perruquiers, que leur compagnie des grenadiers étant la première, ils ne pouvaient se dispenser de se distinguer des autres par une marque visible. On adopta une cocarde noire et blanche, une cravate noire et des guêtres blanches et on emprunta 600 livres.

Le 3 juillet 1747, le syndic Baillot eut l'occasion d'acheter des flambeaux de cire pour pouvoir aller à l'accompagnement de l'épouse du sieur Savournin. Ce respectable doyen de la Communauté avait écrit, pendant quarante ans environ, presque toutes les délibérations et pour récompenser « ces peines veues et recognues par tous les membres » on lui accorda sa vie durant, depuis 1745, à la réquisition d'une personne de distinction, une pension annuelle de 50 livres payable de six en six mois.

Création de dix places d'Inspecteurs et Controleurs

Un Edit de Sa Majesté de février 1745, créa dix places d'inspecteurs et de contrôleurs de la Communaué des Perruquiers de Marseille. On en fit l'acquisition au prix de 18.000 livres que l'on dut emprunter à des particuliers. Ces places donnèrent lieu à bien des débats. On décida tout d'abord (19 septembre 1747) que ces places seraient arrentées sur le pied de 200 livres jusqu'à concurrence des intérêts que l'on devait servir pour le capital emprunté, soit 900 livres environ par an. Cependant les avis étaient partagés : quelques-uns voulaient les vendre à caution. Le 8 octobre, trois sous-arrentements étaient conclus ; on avait aussi un acheteur à 3.000 livres. On commença par vendre deux des places qui avaient été créées à l'occasion du mariage du Roy, puis on pensait vendre quatre des places d'inspecteurs en faisant renoncer les acquérants à toutes les fonctions et prérogatives y attribuées.

Par délibération du 16 mai 1749, on décida qu'on n'arrenterait plus les offices d'inspecteurs dès que les baux passés seraient expirés. Cependant on ne put refuser un arrentement au sieur Dupont qui était très appuyé, à Joseph Buissens pour lequel M. Billon, subdélégué de Monseigneur l'Intendant, avait écrit (12 décembre 1749).

En juin 1750, les divers baux, à l'exception de celui de Final, expiraient à Saint-Michel prochain et pour dépouiller celui-ci on avait délibéré le 2 octobre 1749 de lui donner en remplacement l'office de la Lieutenance jusqu'à Saint-Michel 1751. Un sieur Gras se donnait beaucoup de mal pour obtenir d'arrenter un de ces offices. L'assemblée le lui refusa à la pluralité des voix.

Le 6 juillet Gras envoya une requête aux syndics pour obtenir sa place et à la pluralité des voix dans la séance du 7 on la lui accorda. Le sieur Vincent, premier syndic, inscrivit sur le registre sa protestation. Paris, greffier, écrivit au-dessous que cette protestation était mal à propos vu que le sieur Vincent lui-même était favorable à l'arrentement le 16 octobre. Vincent répondit que l'arrentement était possible à cette époque mais qu'il n'y avait pas de place vacante. Le 14 juillet le sieur Trescat maître de la Communauté, présenta une requête tendant à l'annulation de la délibération du 7. L'assemblée fut docile et revint sur son vote. On décida de ne plus rien arrenter soit à Gras soit aux autres et en effet le 28 juillet deux demandes d'arrentement de Lafont et de Sautel furent repoussées. Gras fit un procès. On nomma deux conseillers, Pascal et Delfosse, chargés de le suivre avec les syndics.

Le 22 août, les maîtres Richaud et Paris, qui allaient devenir syndics, demandèrent l'annulation de ce choix parce que ces conseillers étaient d'un avis contraire. Mais le 24 septembre, ces mêmes Richaud et Paris, devenus syndics l'acceptèrent tout en déclarant que la nomination des deux conseillers était une innovation sans exemple, qu'elle n'avait pour objet qu'une méfiance qui tendait à la probité des syndics. « On n'ignore pas la différence qu'il y a de donner des adjoints à des syndics ou qu'eux mêmes les demandent mais pour oter tout ombrage dans la poursuite du procès ils demandent la nomination de Pascal et Delfosse. » La délibération fut annulée et le procès en instance abandonné.

En octobre 1750, Gras fut reçu Maître et acquit l'office de feu Cyprien Chateauneuf.

Pendant plusieurs années encore, les Perruquiers persistèrent dans leur refus d'arrenter les places d'inspecteurs. Cependant le 18 octobre 1751, on accepte de prolonger pour un an, au prix de 212 livres, l'arrentement de quatre offices occupés par Laforest, Gras, Delestrade et Sautel. Mais le 19 septembre 1752, on refusa les demandes de Gras et Brillon, et on eut sans doute à en refuser bien d'autres, car quelques jours après, le sieur Brillon ayant reitéré par requeste sa demande d'un office d'inspecteur, on se décida d'adresser le placet suivant à Mr de Machaut, secrétaire d'Etat et contrôleur général des finances :

« Monseigneur,

« Les syndics de la Communauté des Barbiers et Perruquiers de la ville de Marseille représentent très humblement à vostre Grandeur qu'ils ont réuni à leur Corps les offices de controlleurs et inspecteurs créés par Sa Majesté. Ils se sont regardés à ce titre les maitres de retenir ou de céder ces offices eu égard aux circonstances du tems et au plus grand inthérest du Corps et des membres. Cependant ils sont journellement en butte aux traits du caprice de différans garçons perruquiers qui se croient autorizés à forcer le Corps à leur céder des offices pour jouir par là des droits et privilèges des maitres. Les juges ordinaires ont rejeté leurs demandes. Les décisions les plus favorables ne rebutent point ces garçons ; ils ont recours à l'authorité et ils mettent tout en œuvre pour remplir leurs objets.

« Cest dans ces circonstances que les supliants réclament une décision de vostre Grandeur pour sçavoir s'ils ont droit de jouir comme maîtres d'offices dont ils ont fait la réunion et acquitté les finances ou obligés de les céder à ceux qui les demandent. Daignez, Monseigneur, leur faire part de votre intention. Elle sera pour eux une loy à laquelle ils se soumettront avec respect et ils continueront à faire des vœux pour la conservation de vos jours. »

La réponse dut être favorable aux Perruquiers, car en décembre de la même année ils maintinrent leur refus, quoique le sieur Gras ait adressé un placet à M. le Garde des Sceaux, et ils le renouvelèrent en avril 1753, à l'occasion d'une nouvelle demande faite par un garçon perruquier.

Cependant les idées ou peut-être les besoins se modifièrent et l'année suivante on voit, le 28 janvier, qu'un office est cédé à titre de bail à M. Marin ; au mois de juillet, un autre est accordé à Baptiste Limal et en août un troisième est cédé pour 250 livres par an à Allez. Ce dernier ne put tenir ses engagements et son bail fut rompu non sans avoir suscité bien des ennuis au Corps.

Etait-ce pour se venger des difficultés qu'il avait rencontrées pour obtenir son office, ou pour tout autre cause, Gras présenta, le 10 septembre 1754, une requête par-devant les Lieutenants généraux de police pour qu'il soit ordonné aux prévôts des Perruquiers de lui exhiber dans la chambre syndicale tous les comptes avec pièces justificatives depuis 1724 avec permission de prendre des notes et à défaut de 3.000 livres et les dépens.

Le Corps déclara qu'il était convaincu que l'administration des sindics était légale et à l'abri de tout reproche puisqu'on l'approuvait d'année en année. Cependant on se soumit à l'ordre donné et Gras put venir trois fois par semaine, les lundi, mardi et vendredi de 3 à 6 heures, reviser les comptes en présence des syndics en exercice et de quatre maîtres nommés à cet effet : Chastan, Paris, Louis Gassier et François Bernier. Les autres maîtres pouvaient y assister si bon leur semblait. Il commença le lundi après Quasimodo.

Entre temps, Gras s'était fait exclure des assemblées pour trois mois (28 janvier 1755). Il aurait dit que le syndic était appointé pour ne pas mettre à exécution l'arrêt de prise de corps obtenu contre un nommé Lamare, contrevenant.

En avril 1755, le sieur Lauzet, maître de la Communauté, demanda comme Gras à faire la vérification des comptes, mais on lui interdit d'amener avec lui tout étranger.

Un des derniers actes que contiennent les registres, est la délibération prise le 5 août 1755 de faire un inventaire général de tous les papiers et documents du Corps. Cette opération fut confiée à Chalvet, auquel on donna 180 livres, et quatre maîtres furent nommés pour le surveiller, les sieurs Stable, Bernier, Baillot et Fau. On y travaillait le lundi, le mardi et le jeudi de chaque semaine de 3 à 6 heures, et l'inventaire fut suivi d'une rubrique générale de toutes les délibérations.

L'armoire était trop petite, on en fit faire une plus grande le 3 octobre 1755.

La Communauté avait encore une vingtaine d'années à vivre. Les registres qui sont arrivés jusqu'à nous s'arrêtent en 1757 et ce n'est qu'en février 1776 que fut donné à Versailles l'édit du Roy portant suppression des Jurandes et Communautés de commerce, arts et métiers.

La période de soixante-quatre ans pendant laquelle nous avons pu suivre presque pas à pas les faits et gestes des Barbiers suffit pour donner une idée de leur corporation au XVIIIe siècle. Elle suggère même ce que devaient être à peu près toutes les corporations de la même époque et plus spécialement celle des Chirurgiens avec laquelle ils avaient bien des points de contact et sans doute de ressemblance.

Il nous reste pour compléter l'histoire des Barbiers à indiquer sommairement comment se pratiquaient les élections et la réception des maîtres et quelle était leur situation financière.

II. — Élections

D'après l'article 3 des anciens statuts, l'élection du trésorier et du secrétaire devait avoir lieu à la pluralité des voix huit jours avant le jour et feste de Saint-Louis. Elle avait lieu généralement du 11 au 17 août. Le premier syndic nommait le trésorier et le second syndic nommait le secrétaire. C'était plutôt une proposition qu'une nomination réelle, car il fallait la pluralité des suffrages des membres présents pour consacrer cette nomination.

« Le 17 août 1705, le sieur Réquier, premier syndic, a nommé le sieur Joseph Vincens, trésorier, lequel a esté fait par la pluralité des suffrages ».

« Le 16 août 1719, les sieurs sindics ayant exorté l'assemblée à faire choix de deux personnes dignes de cette fonction et pour cet effet le sieur Charles Cessy, premier sindic, a nommé pour trésorier le sieur Charles Savornin et pour secrétaire le sieur Favet, second sindic a nommé le sieur Jacques Joffre ».

Le trésorier et le secrétaire devenaient de droit l'année suivante, premier et second sindic.

Joseph Michel qui était trésorier en 1702 donna en ces termes sa démission de syndic à cause d'un voyage qu'il devait entreprendre. « La charge de sindic dudit corps où je dois entrer le jour et feste de Saint-Louis prochain auquel jour je sors de trésorier, suivant l'article 3 de nos Estatuts, je me dépars de mon sindicat et consens que ledit Corps en subroge et nome un tel quy plaira pour vaquer et agir à ma place pendant cette année ».

Cet usage était si cher à la communauté qu'il subsista malgré le règlement de 1725 qui fixait pour l'élection des prévôts tel jour indiqué par le Lieutenant entre le 25 août et la N.-D. de septembre.

Depuis la publication de ce règlement toutes les élections étaient précédées des observations suivantes : « Comme cette élection des sindics se trouve contraire aux usages et coutumes du pays, le Corps auroit pris des délibérations qu'il auroit fait aprouver et authorizer par arrest de la souveraine Cour de Parlement de ce pays qu'au lieu de nommer les sindics, on nommera tous les ans un trésorier et un greffier pour servir l'année d'après, savoir le trésorier de premier sindic et le greffier de second sindic ainsy qu'il est porté par les anciens statuts ».

Voici quelle était la formule employée en 1765.

« Le sieur premier sindic auroit nommé et proposé à ladite assemblée pour trésorier pendant la première année sieur Joseph Paris pour exercer la seconde année la charge de premier sindic requerant les susnommés de deliberer sur la susditte proposition.

Sur laquelle proposition les susnommés ont délibéré ainsi qu'ils délibèrent à la pluralité des suffrages de nommer comme ils nomment pour trézorier pendant la première année sieur Joseph Paris et d'exercer la deuxième année la charge de premier sindic declarant le reconnaître en ladite qualité.

Il a été de plus proposé par la bouche du second sindic de nommer et proposer pour greffier pendant la première année sieur Louis Roch Gassier et d'exercer la deuxième année la charge de second sindic, requerant les susnommés de délibérer.

A laquelle proposition les membres assemblés à l'exception du sieur Gassier qui n'a point suffragé, ont nomé comme ils nomment et approuvent le sieur Gassier pour greffier pendant la première année d'exercice, pour la deuxième avoir la charge de second sindic. »

Pendant trois ans, au moment de l'installation de la Lieutenance, de 1726 à 1729, il y eut quatre prévôts en exercice. Le fait resta exceptionnel.

Ce fut aussi la seule époque où le passage régulier du trésorier et du secrétaire au syndicat fut troublé.

Quand Pierre Favet eut été obligé en 1729 de vendre la Lieutenance, on avait décidé que celui des anciens qui sortait de charge ferait pendant un an les fonctions de Lieutenant. A partir de 1732 on voit que c'est le premier syndic lui-même qui fait fonction de Lieutenant. Le 5 juillet 1735, la séance est même présidée par le second syndic qui s'intitule faisant fonction de Lieutenant. Il semble donc, du moins à ce moment-là, que c'était le syndic présidant l'assemblée qui se considérait comme représentant le Lieutenant. Plus tard, et jusqu'à la fin c'est le premier prévôt qui est revêtu de ces fonctions.

Lors de l'apparition des nouveaux statuts en 1725 et pour se conformer à leurs dispositions, le secrétaire jusque-là élu par l'assemblée fut remplacé par un greffier directement nommé par le sieur Maréchal, premier chirurgien du Roy. Ce fut Jean-Baptiste Mistral, maître du Corps qui reçut ses lettres de provision en date du 30 août 1726, signées par Maréchal et de la Touche son secrétaire. Les finances de son état ou office furent fixés par Maréchal à 400 livres.

Mistral adressa au Lieutenant Favet un comparant dans lequel il remontrait sa nomination par lettres-patentes du 30 août 1726 et demandait à prêter serment « de bien et deuement gérer dans ses fonctions ». La cérémonie eut lieu le 18 septembre et fut suivie de la remise des livres courants du Corps et de la signification du comparant aux syndics par Boyer, huissier. Le Corps ayant acquis en 1729 la charge du greffier en même temps que celle du Lieutenant, l'élection du greffier ou secrétaire fut de nouveau et désormais confiée à la Communauté avec succession future à la place de deuxième syndic.

Lors de l'installation des nouveaux syndics, le Corps leur donnait pouvoir par une délibération spéciale « de poursuivre tous les procès pendans pardevant toutes Cours et juridictions jusques à jugement définitif et prendre tous les Conseils requis tant en cette ville que dans la ville d'Aix et de même autre, poursuivre toutes les contreventions jusqu'à deffinition de cause. » Car d'après l'article 8 des anciens statuts, les syndics ne pouvaient entreprendre aucun procès sans une délibération expresse du Corps.

Peu après l'installation des nouveaux syndics, dans le courant du mois de septembre, le Trésorier ancien venait rendre ses comptes dans une assemblée générale et après l'avoir déchargé, sauf erreur ou omission, lecture faite par toute l'assemblée de tous les mandats qui avaient été expédiés par les anciens syndics, le Corps déclarait le Trésorier moderne bien et deuement chargé des deniers excédents de la recette précente. Le nouveau secrétaire ou greffier recevait les registres courants.

Liste des officiers du Corps des Perruquiers

1693-1694 Syndics : Jean Ripert ; Louis Bardière. — Trésorier : Claude Giraud. — Secrétaire : Charles Massuque.

1697-1698 Joseph Michel ; Joseph Faucon. — Jacques Riquier. — Joseph Vinceus.

1698-1699 Jacques Riquier ; Joseph Vincens. — Etienne Lespiau. — Desmarets.

1699-1770 Lespiau ; Desmarets. — Jean Ripert. — Joseph Deidier démisionne ; Charles Cessy.

1701-1702 Ripert ; Moulière. — Joseph Michel. — Charles Cessy.

1702-1703 Charles Cessy ; David à la place de Michel parti en voyage. — Pierre Paulian. — Estienne Moullière.

1703-1704 Pierre Paulian ; Estienne Moullière. — Jacques Riquier. — Jean Rey.

1704-1705 Jacques Riquier ; Jean Rey. — Estienne Lespiau. — François David.

1705-1706 Estienne Lespiau ; François David. — Joseph Vincens. — François Forton.

1706-1707 Joseph Vincens ; François Forton. — Pierre Desmarais. — François Mistral.

1715-1716 Charles Savornin. — Joseph Didier. — Jean Estienne.

1716-1717 Joseph Didier ; Jean Estienne. — François David. — Marc-Antoine Imbert.

1717-1718 François David ; Marc-Antoine Imbert. — Charles Cessy. — Pierre Favet.

1718-1719 Charles Cessy ; Pierre Favet. — François Richaud. — Estienne Bernard.

1719-1720 François Richaud ; Estienne Bernard. — Charles Savornin. — Jacques Joffre.

1720-1721 Charles Savornin ; Jacques Joffre, mort de la peste ; Melchior Antony. — Jean-François Fourton, vend son office ; Jean Estienne. — Joseph Bruno, mort de la peste ; Joseph Cauvin.

1721-1722 Jean Estienne ; Joseph Cauvin. — François Rance. — François Terran.

1722-1723 François Rance ; François Terran. — Pierre Favet. — Pierre Bernard.

1723-1724 Pierre Bernard. — Joseph Didier. — François Hugues.

1724-1725 Joseph Didier ; François Hugues. — Marc-Antoine Imbert. — François Hugues ; J.-B. Chastan élu n'a pas accepté.

1725-1726 Marc-Antoine Imbert. — Charles Savornin. — Pierre Curel.

1726-1728 Charles Savornin ; Pierre Curel ; François Terran ; Pierre Roure. — François Rance. — J.-B. Mistral.

1728-1729 Jacques Portal ; Jacques-François Chastan ; Melchior Androny ; François Pascal. — J.-B. Riquier. — Mathieu Maurel.

1729-1730 Joseph Henry ; Michel Meiffredy. — Charles-Antoine Roque. — Mathieu Maurel.

1730-1731 C.-A. Roque ; M. Maurel. — Jean Estienne. — Honoré Gassier.

1731-1732 Jean-Estienne ; Honoré Gassier. — François Hugues. — J.-B. Riquier.

1732-1733 François Hugues ; J.-B. Riquier. — Brouquier. — X.

1733-1734 Brouquier ; X. — Savornin. — Baillot.

1734-1735 Savornin ; Baillot. — Pierre Favet. — Etienne Roux.

1735-1736 Pierre Favet ; Etienne Roux. — Jean Estienne. — Lazare Audric.

1736-1737 Jean Estienne ; Lazare Audric. — Michel Meiffredy. — Benoît Bar.

1737-1738 Michel Meiffredy ; Benoît Bar. — J.-B. Riquier. — François Garsin.

1738-1739 J.-B. Riquier ; François Garsin. — Honoré Gassier. Jacques Le Roux.

1739-1740 Honoré Gassier ; Jacques Le Roux. — Jean-François Terran. — Guillaume Delfosse.

1740-1741 J.-F. Terran ; G. Delfosse. — Estienne Roux. — Pierre Vincent.

1741-1742 E. Roux ; P. Vincent. — Lazare Audric. — Serif.

1742-1743 L. Audric ; Serif. — Pierre Favet. — Charles Antoine Roque.

1743-1744 P. Favet ; C.-A. Roque. — François Hugues. — Billion.

1744-1745 F. Hugues ; Billion. — Guillaume Delfosse. — Marc Richaud.

1745-1746 G. Delfosse ; M. Richaud. — Jacques-Estienne Baillot. — Lazare Béraud.

1746-1747 J.-E. Baillot ; L. Beraud. — Jacques Le Roux. — Louis-François Nourisse Sellon.

1747-1748 J. Le Roux ; N. Sellon. — Benoit Rat. — Jean-François Clapier.

1748-1749 B. Rat. — J.-F. Clapier. — Pierre Vincent. — Estienne Estable.

1749-1750 P. Vincent ; E. Estable. — Marc Richaud. — Joseph Paris.

1750-1751 M. Richaud ; J. Paris. — Charles-Antoine Roque. — Antoine Pons.

1751-1752 C.-A. Roque ; A. Pons. — Claude-Edmée Billion. — Joseph-Victor Beauchier.

1752-1753 C.-E. Billion ; J.-V. Beauchier. — Lazare Béraud. — Pierre Oudin.

1753-1754 L. Béraud ; P. Oudin. — Nicolas Sesy. — J.-B. Flamenq.

1754-1755 N. Sesy ; J.-B. Flamenq. — Jean-François Clapier. — André Senez.

1755-1756 J.-F. Clapier ; A. Senez. — Joseph Pons. — Louis-Roch Gassier.

1756-1757 J. Pons ; L.-R. Gassier. — Louis-François Sellon. — Pierre Buisson.

III. — Réception des Maîtres

Voici d'abord un exemple des formalités administratives que nécessitait l'acquisition d'une place de barbier au commencement du XVIIIe siècle. On remarquera qu'il n'y est pas question d'épreuve professionnelle, celle-ci devait précéder le consentement du syndic, car dans toutes les autres réceptions il est question du chef-d'œuvre qui doit être fait dans un temps et dans un lieu déterminés et que toute l'assemblée juge avant de donner son approbation. En dehors de la réception des fils de maîtres, je ne connais qu'un fait où le candidat fut reçu sans chef-d'œuvre, c'est celui du sieur Bruno auquel la communauté dans un moment de détresse financière, décerna la maîtrise pour reconnaître les services qu'il avait rendus en négociant un emprunt (1706).

Le sieur David acquiert l'office pour lequel le sieur Claude Bonnet s'était pourvu de lettres de provisions l'année précédente.

« Le 14 juillet 1704 la communauté cest assemblée dans la maison du sieur Paulian syndic par la convocation qui en a esté faite par billets signés Paulian et Moullière, syndics et après avoir attendu une heure après celle de l'assignation le sieur François David nous auroit représenté qu'ayant acquis de notre Corps une place et office de maistre barbier et perruquier suivant le contract reçeu par maistre Giraud notaire, le treize avril 1703 desirant estre receu dans notre Corps et communauté conformément à l'édit de création de Sa Majesté du mois d'octobre mil sept cens un et obtenu ensuite des lettres de provision scellées du Grand Sceau en datte du vingt deuxième décembre mil sept cens trois, y joint la q[illegible]ance de finance de la somme de huict cent livres dattée du dixième jour de septembre mesme année au roole du dix juillet 1703 art. vingt, signé Bertin, comme aussy la quittance de la somme de quatre vingts livres pour les deux sols pour livre en date du 15 septembre 1703, signé Ferrand, et de mesme suitte veu la requeste présentée par ledit sieur David à Messieurs les Lieutenants de police avec le soit monstré du sieur Sebolin eschevin en datte du septième juillet 1704, le consentement du sieur Paulian syndic du onzième juillet mesme année avec les conclusions de Monsieur le Procureur du Roy du onzième juillet de la mesme année signée Pichatty de Croix-Sainte et finalement la prestation du serment fait par le sieur David pardevant Messieurs les Conseillers du Roy, Lieutenants généraux de police signé Sebolin eschevin, en datte du douze juillet mil sept cens quatre, nous soussignés, attendu de tout ce que dessus, lecture faite, et suivant l'édit de création, arrest du Conseil, lettres de provisions avons reçeus installé le susdit François David maistre dans nostre Corps et communauté, conssentons quil jouysse de tous les droits, privilèges, prérogatives y attribués par le susdit édit et lettres de provision lesquelles lettres seront enregistrées dans le présent livre et registres conformément à la volonté de Sa Majesté et le sieur David cy présent se soumet à tous les règlements, status, charges de nostre ditte communauté et de les observer dans toute son estendue selon sa forme et teneur. A Marseille l'an et le jour cy dessus.

« Pauliani, syndic ; Louis Bardière ; Desmaret ; Michel Cessy ; Lespiau, Moullière, syndic ; David ; Bonnet ; Vincent ».

Suitte des lettres de provisions pour l'enregistration :

« Louis, par la grâce de Dieu, Roy de France et de Navarre, à tous ceux qui ses présentes verront, salut. Par nostre édit du mois d'octobre 1701 vérifié ou besoin a esté, nous avons par les considérations y contenues créés et establie des places héréditaires de Barbiers, Perruquiers, Baigneurs, Estuvistes pour toutes les villes de nostre Royaume, pays, terres et seigneuries de nostre obéissance ou lesdites places ont esté establies en considération de nostre édit du mois de novembre 1691 et voulant pourvoir auxdites places des personnes capables sçavoir faisons que pour le bon et louable raport qui nous a esté fait de la personne de nostre amet Claude Bonnet de ses sens, suffisance, prudhommie, probitté, capacité et expérience à l'exercisse du dict art, pour ces causes nous luy avons donné et octroyé, donnons et octroyons par ses présentes une des vingt places de Barbiers, Perruquiers, Baigneurs Estuvistes de nostre ville et faubourg de Marseille en Provence créés héréditaires par nostre édit a laquelle n'a encore esté pourvu pour ne faire a l'avenir avec celles qui ont esté sy devant establies en ladite ville qu'un seul et mesme corps et communauté et jouir comme eux des mesmes privilèges qui leur ont esté attribué par nostre édit du mois de novembre 1691 sans qu'à l'avenir mutation arrivant de laditte place par mort ou vente volontaire les acquéreurs d'icelle puissent estre tenus de prendre aucune lettre de provision en nostre grande chancellerie dont ils jouiront en vertu de contract de vente qui leur en seront faits par les veuves, enfants et héritiers des décédés ou par ceux qui s'en demettront volontairement entre leurs mains en considération de la finance qui nous a payée pour l'acquisition de ladite place ainsy qu'il paroit par la quittance du trésorier de nos revenus casuels sy attaché, sous le contrescel de nostre chancellerie, le tout suivant et ainsy qu'il est plus amplement porté et mentionné par nostre édit de création du mois d'octobre 1701 et les arrest de nostre Conseil rendus en conséquence, sy donnons en mandement aux maistres, gardes, jurés et sindics de la communauté des Barbiers, Perruquiers, Baigneurs et Estuvistes de ladite ville de Marseille, d'enregistrer ses présentes dans lesdits registres de leur communauté et du contenu en icelle faire jouir ledit Bonnet, ses hoirs, successeurs et ayant cause héréditairement et a toujours après qu'ils auront préalablement porté le serment requis devant notre Lieutenant général de police de ladite ville de Marseille ou autres qu'il appartiendra car tel est nostre plaisir en témoin de quoy nous avons fait mettre notre scel à ces présentes données à Versailles le vingt-deux décembre l'an de grâce mil sept cent trois et de nostre règne le soixante et unième, signé aux replis par le Roy, comte de Provence. Accault au rolle du 10 juillet 1703. Enregistré le X décembre 1703. Carpot. Retiré par moi les susdites lettres original des provisions quittance du marc d'or et celle des deux solds pour livre, édit de création et autres pièces. A Marseille, ce 14 juillet 1704.

« DAVID ».

La réception elle-même se passait en présence des syndics, du doyen et des anciens. Quelques modernes y assistaient parfois mais ils ne recevaient pas d'honoraires, ils n'étaient convoqués que pour les affaires du Corps et la plus grande validité de la réception.

Avant 1725, c'est-à-dire avant l'institution du conducteur, l'aspirant faisait seul ses visites et présentait lui-même sa requête pour la réception, l'acte d'acquisition de son office, son extrait baptistaire, son acte d'apprentissage, le certificat des maîtres chez lesquels il avait travaillé, le reçu des droits payés au trésorier ou receveur, savoir 50 livres pour droit du Corps, d'après l'ancien règlement, 15 livres 10 pour les droits du Lieutenant et de son greffier. Ces derniers droits étaient payés au Corps depuis que celui-ci avait acquis ces deux charges.

Quand le conducteur eut été rendu obligatoire, il accompagnait le candidat dans toutes ses démarches et signait avec lui les requettes. Les maîtres exprimaient alors leurs suffrages sur la vie et les mœurs de l'aspirant et sur ses chefs-d'œuvre. Puis on le déclarait reçu et le nouveau maître prêtait serment entre les mains du premier prévôt en déclarant qu'il se soumettait à tous les règlements et à toutes les dettes actives ou passives du Corps, puis il payait les honoraires des syndics, du doyen et des anciens, et le greffier lui donnait un acte de sa reception.

Le chef-d'œuvre consistait en perruques (1) ou en rasement de barbe à faire dans la boutique d'un maître désigné à l'avance.

François Terran (4 mai 1716) eut à faire une perruque chamillarde dans la maison de Fourton et une perruque naturelle dans celle de Richaud. Il eut de plus à faire « la

(1) « Les premières perruques que l'on fit à Paris vers l'année 1620 étoient composées de peu de cheveux passés un à un par le moyen d'une éguille au travers d'un léger callepin pour mieux imiter la nature et toutes étoient pour lors à calote.

« Les tresses furent enfin imaginées et l'on s'en est tenu jusqu'à présent à cette industrieuse invention, capable de tromper les yeux sur le naturel, si l'assujetissement à la mode n'avoit même entraîné les plus sages et ne les avoit forcés à se cacher la tête dans une forêt de cheveux frisés à l'excès, dont il n'est pas possible que la pesanteur n'incommode beaucoup.

« Ces grandes perruques s'appellent des perruques quarrées ; après sont les perruques nouées, ainsi nommées des nœuds qui en rattachent

dépense de faire réimprimer le catalogue qui sera commandé par les sindics. »

Pierre Bernard (16 mai 1716) eut à faire une perruque de prêtre et une perruque nouée chez P. Laurens et Pierre Bremond, anciens maîtres.

Lacombe (16 mai 1720) eut à faire une perruque à la cavalière et une à bonnet. Il était originaire de Lyon et avait fait son apprentissage dans cette ville chez le sieur Bonnet, maître perruquier, mais il avait travaillé sept ans chez le sieur Garcin.

J.-B. Riquier (21 avril 1721) eut à faire une perruque chamillarde chez M. Pierre Bernard et une perruque naturelle chez Jacques Riquier.

Joseph Brouquier (12 février 1723) eut à faire les cheveux et les friser et à faire une barbe.

On avait généralement une quinzaine de jours pour faire les chefs-d'œuvre, quelquefois seulement huit jours.

Un maître reçu dans une autre ville, tel que Joachin Portanier, qui était maître perruquier à Aix, avait pour être admis, à présenter son acte d'acquisition d'un office, sa prestation de serment par-devant les Lieutenants-généraux de police, son acte de vie et mœurs et ses chefs-d'œuvre faits à Aix, il payait 50 livres et promettait de se soumettre aux dettes et aux statuts.

Les fils de maîtres étaient reçus sans chef-d'œuvre : ainsi furent admis Georges Bernard, fils du syndic Bernard (3 janvier 1724), Jean Didier, fils de Jacques-Joseph (9 juillet 1717). Leur père s'était pourvu d'une requête par-devant les Lieu-

et raccourcissent les devants ; puis les perruques à l'espagnole, qui sont plus légères et plus courtes ne tombant que sur les épaules ; enfin les perruques naturelles dont la frisure est très légère et qui ont peu de cheveux ; les perruques d'abbé ou avec couronne ou sans couronne ; les simples coins qui ne sont que quelques tresses de cheveux qu'on mêle et qu'on cache parmi ses propres cheveux à l'endroit des oreilles, ou pour les épaissir s'ils sont trop clairs ou pour les allonger s'ils sont trop courts ; et les tours qui environnent toute la tête et qui sont tressés comme les coins. » *Dict. du Commerce*, 1741, p. 707.

tenants-généraux de police, et avait présenté l'acte d'acquisition de l'office et payé 25 livres de droit. L'assemblée délibéra de recevoir le jeune candidat qui prêta le serment ordinaire.

Un ancien maître, qui faisait de nouveau acquisition d'un office, tel que J.-François Fourton (7 janvier 1729), faisait les visites réglementaires, présentait une requête de réception, acceptait d'être soumis à toutes les charges, quotités et dettes, à tous les règlements et statuts et prêtait le serment, mais il était dispensé du chef-d'œuvre et des droits du Corps et honoraires.

Je donnerai en terminant l'acte de réception le plus récent que nous ayons et qui clôture le dernier registre.

Assemblée générale tenue le 4 janvier 1757

« Par-devant nous Joseph Paris, premier prévôt sindic garde de la Communauté des maîtres Perruquiers de cette ville faisant fonction de Lieutenant du premier Chirurgien du Roy, est comparu Pierre Maury assisté du sieur Pierre Oudin, son conducteur, ancien de la Communauté, qu'il a choisy conformément à l'article des règlements du Corps lequel nous auroit présenté requette signée de luy et de son conducteur, dattée du trente décembre dernier, par laquelle il nous a représenté qu'il a acquis l'état et office de Perruquier qui étoit exercé par sieur Nicolas Seris, maître dans notre Communauté, par acte dudit jour trente décembre, rière Me Segond, notaire, nous ayant exhibé les pièces justificatives et ses services chez plusieurs maîtres de notre Corps et autres pièces attachées à ladite requette et nous auroit requis de le recevoir maître dans notre Communauté pour jouir par luy de tous les droits, honneurs et prérogatives attachés à ladite maîtrise tout ainsy qu'en a joui et dû jouir ledit sieur Seris au bas de laquelle requette nous avons mis notre decret de soit communiqué aux sieurs sindics pour avoir leur consentement sur les qualités de l'aspirant lesquels auroient donné leur consentement par leur ordonnance au bas dudit décret et ordonné le chef-d'œuvre consistant en une perruque à bonnet chez le sieur Honnoré Gassier et une autre ditte à bourse chez le sieur André Seris, tous les deux anciens sindics pour être lesd. perruques finies présentées à l'assemblée ce jourd'huy, la recharge de lad. requette attendu le consentement desd. sieurs sindics et de leur ordonnance de chef-d'œuvre, il nous plait accorder et ordonner les fins de lad. requette, signée dud. sieur Oudin, son conducteur, à l'effet de quoy nous dit Lieutenant attendu le consentement desd. sieurs sindics et de leur ordonnance de chef d'œuvre ordonnons qu'il soit procédé à la réception dud. aspirant cejourd'huy et à cet effect nous luy avons fait expédier les billets de convocation par notre greffier qu'il porta luy-même hier chez tous les maîtres pour les prier de vouloir bien assister à sa réception à l'heure marquée dans lesd. billets toujours assisté de son conducteur et à l'assemblée se sont trouvés présents les soussignés et après l'heure d'expectative led. sieur Joseph Paris, toujours en sa qualité, a fait remettre à l'aspirant lad. requette et les pièces y attachées sur notre bureau ensemble lesdittes perruques qui luy ont été ordonnées et ensuite l'aurions fait retirer après s'être signé avec son conducteur.

« Oudin. Maury.

« Et tout desuite après que led. sieur Maury s'est retiré nous aurions fait prendre les suffrages de tous lesd. maîtres présents à lad. assemblée par notre greffier sur les qualités de l'aspirant et sçavoir sil y auroit quelque personne d'entre eux à proposer quelque empêchement ou former quelque opposition à la réception dud. aspirant et tous lesd. maîtres ont unanimement délibéré et donné leur suffrage en faveur dud. aspirant au moyen de quoy nous dit Lieutenant avons reçu et installé à l'instar de tous les autres maîtres dud. Corps led. Maury que nous avons fait de nouveau entrer dans lad. assemblée pour jouir par luy de tous les droits, honneurs et privilèges attachés à lad. maîtrise tout ainsy et de même qu'en a joui led. sieur Seris, son prédécesseur, et qu'en jouissent les pourveus de pareils offices au moyen de quoy led. sieur Maury s'est soumis et soumet à toutes les charges, debtes, quottités actives et passives de la Communauté aux statuts et règlements du Corps aux arrêts, déclarations du Roy et à ceux du Parlement de ce pays de Provence aux jugements de police et aux délibérations prises par le Corps et à payé les droits du Corps ceux du Lieutenant et greffier montant à la somme de soixante-cinq livres dix sols qui ont été retirées par led. sieur Louis-François-Nourice Sellon, trézorier, quy en est bien et duement chargé envers le Corps ensemble les honoraires à qui de droit et tout desuitte luy avons fait prêter entre nos mains le serment de bien et fidèlement gérer dans sa profession. Délibéré dans notre bureau ordinaire de Marseille le quatre janvier mil sept cent cinquante-sept, observant qu'attendu les changements du timbre nous avons été obligés d'écrire la présente réception dans deux feuilles de papier détachées du registre et tous lesd. mattres se sont soussignés avec led. sieur Maury, 33 signatures.

« PARIS, GASSIER, CHASTAN doyen, VINCENS, ROQUE, AUDRY, BAILLOT, SELON, GASSIER, BÉRAUD, LE ROUX, CLAPPIER, OUDIN, etc.

« Et en terminant, MAURY, PIERRE BUISSON, greffier. »

IV. — Etat financier.

Les dépenses ordinaires de la Communauté étaient généralement couvertes par les recettes. C'est ainsi que chaque année les comptes des Trésoriers se terminaient presque toujours par un excédent de recettes. Il n'en est pas moins vrai que les ressources ordinairés étant insuffisantes pour faire face aux dépenses plus importantes qui s'imposaient de temps à autre et au nombre desquelles il faut surtout mettre l'acquisition des places nouvellement créées par Sa Majesté, on était obligé de recourir à des emprunts dont la masse sans cesse grossissante était impossible à rembourser.

En 1700, les recettes se montaient à 1.000 livres avec un excédent de 101 livres sur les dépenses.

En 1702,	les recettes étaient de	135 livres,	les dépenses de	136 livres
1704	»	2.542.14.8	»	2.246.15.6
1717	»	3.084. 1	»	2.467.18.5
1718	»	9.467. 7	»	9.915. 9
1719	»	18.251. 6.6	»	15.973. 6.5
1723	»	5.521.13.5	»	2.514. 8
1724	»	3.975. 6	»	3.326. 7
1729	»	2.152	»	2.152
1735	»	4.047	»	3.747
1736	»	1.772. 4	»	1.470. 2.1
1746	»	16.562.19.6	»	15.399. 2
1752	»	6.205	»	4.282
1755	»	8.114	»	7.053

Parmi les recettes figurent surtout les cottes des maîtres et des rentiers, les droits d'examen ou la vente des places nouvellement créées, et le produit des saisies. Ce sont ces éléments très variables de profit qui expliquent les écarts si grands que l'on constate dans les chiffres annuels.

Les dépenses comprenaient d'abord le service religieux pour la Saint-Louis, qui était suivi d'une messe pour les morts. En 1700, il coûtait 3 livres 8 sols; en 1702, 4 livres 10 sols. En 1719, on donna aux PP. Récollets pour le jour de la Saint-Louis et la messe de *Requiem* et son acquit, 18 livres. En 1736, on donnait 30 livres. Nous avons vu ce qu'il advint en 1738 quand on voulut réduire cette somme à 15 livres et on revint chez les PP. Observantins à 30 livres. On donnait en plus 1.5 au quiston (quêteur) des Pères.

Jusqu'en 1738, la solennité de la Saint-Louis était célébrée en musique, avec des bouquets et du pain béni. En 1700, les bouquets et les pains bénis coûtaient 15 livres. En 1718, on paye à M. Mouradon, boulanger, pour les pains bény, 19 livres; en 1719, au sieur Besson, chef de la bande pour avoir assisté le jour de la fête de saint Louis, 13 livres 10;

a Anna Rose, bouquetière, 48 livres. En 1723, on donne au même Besson, maître de la bande violons, 24 livres, et à la bouquetière, 42 livres. En 1736, le nommé Belissen recevait pour son corps de musique, 84 livres; la nommée *Françoise pour les bouquets qu'elle nous a faits*, 45 livres, et le sieur Paul Bataille pour les pains bénis, 17.

C'est devant l'augmentation toujours croissante de ces dépenses accessoires que la Communauté résolut en 1718 de les supprimer pour toujours.

L'entretien d'un lit à l'Hôtel-Dieu coûtait 20 livres. Les honoraires du clerc étaient de 72 livres par an en 1750.

Parmi les dépenses extraordinaires, nous avons déjà cité l'installation des bains et étuves. En 1743, la Communauté eut à fournir les uniformes d'une compagnie de quarante-cinq hommes grenadiers pour la milice bourgeoise, soit 1.528 livres 17.9. On paya à M. Bertrand pour les guêtres 113 livres; à M. Hauvet, pour les cocardes, gravates et jarretières, 123 livres. Le 28 juin, on fournit la collation à la compagnie étant de garde au port, 11 livres 14.

Les frais de procédure, de consultation des avocats, les frais de sergents pour les saisies et les emprisonnements étaient toujours considérables.

En 1700, on donna près de 150 livres à Chery, sergent, pour emprisonnement et saisies.

Le 6 janvier 1752, Sa Majesté donna l'ordre de payer annuellement pour le vingtième ou imposition d'industrie la somme de 192 livres. On fit des états particuliers pour les années 1750-51-52 où tous les contribuables étaient taxés de la somme qu'ils avaient à payer d'après des classes qui étaient basées sur le travail d'un chacun. Le Maître Paris se plaignit qu'on l'eut mis en première classe; il insinua que c'était sans doute à cause de son caractère de cheveux plats et frisés. L'assemblée le désapprouva en disant que c'était seulement à cause du nombre de ses garçons et ouvrières.

L'année suivante on décida que la taxe ou imposition du vingtième d'industrie serait payée par le Corps.

En 1719 une consultation à Aix des avocats Gantelmy et Bacular coûtait 29 livres 10 ; on donnait à Pichatty, avocat du Corps, pour plusieurs conférences, 12 livres, etc.

En 1706 l'état de ce qui était dû à la Communauté s'élevait à 7.039 livres 15 et la Communauté en devait 16.800, ce qui constituait un excédent de 9.791 livres dues.

Le 29 février 1748 on devait environ 30.000 livres à divers particuliers a 5 0/0 et 4 1/2 0/0. On accepta les offres d'une personne qui proposait de prêter cette somme au denier vingt-cinq ou à 4 0/0 pour rembourser à ces particuliers les sommes dues et se subroger à leur lieu et place.

En 1755, l'Intendant de Provence, M. de Latour, s'avisa de reglementer les finances des Maîtres Perruquiers, comme il l'avait fait pour d'autres Communautés afin de hâter l'extinction de leurs dettes.

On reçut la lettre suivante quelque peu cavalière, qui était communiquée par M. Billon, subdélégué et envoyée par le sieur Agnel son secrétaire.

« J'ai reçu, Monsieur, avec la lettre que vous avez pris la peine de m'écrire le 27 août dernier la quittance de la somme de 3.500 livres qui a été remboursée par les sindics du Corps des Perruquiers de Marseille aux directeurs de l'hôpital des Enfants abandonnés de cette ville. Vous trouverez ci-joint l'état des dépenses annuelles de ce Corps que j'ay arrêté à la somme de 344 livres 15.

« L'intension de Monseigneur le controleur général est que les syndics et le trésorier rendent compte par devant nous du montant des impositions du Corps par chapitre des recettes et dépenses ainsy qu'il en est usé à l'égard de la Communauté des cordonniers de Marseille. Je vous prie d'ordonner aux syndics et au trézorier des Perruquiers de vous représenter le compte de leur gestion avec les pièces justificatives dans le temps que vous leur prescrirez et s'ils refusent vous les ferez mettre en prison et m'en donnerez avis.

« Lorsque le compte vous aura été remis vous aurez agréable de l'apostiller et de l'arrêter sur les pièces justificatives et vous me ferez ensuite passer le tout pour y donner mon approbation.

« Vous en userez de même pour chaque syndicat jusqu'à l'entier remboursement des dettes de cette Communauté.

« Vous aurez aussy la bonté de vous faire remettre tous les six mois par son trésorier un état en abrégé des deniers qui se trouveront dans sa caisse et lorsqu'ils seront assez considérables pour faire face au remboursement de quelque dette, vous ordonnerez aux syndics de l'effectuer et de vous remettre la quittance pour me l'envoyer.

« Je vous prie au surplus de faire enregistrer cette lettre et l'état des dépenses annuelles cy-joint dans le livre des délibérations de cette Communauté et d'ordonner aux sindics de convoquer à cet effet une assemblée générale. Vous voudrez bien ensuite m'envoyer un extrait de l'enregistrement.

LATOUR

A Glène, 23 septembre 1755.

Pour obéir à l'injonction de l'Intendant on dressa le 6 octobre l'état des dépenses annuelles du Corps.

Pour l'entretien d'un lit à l'hôpital................	20 L.
A l'hôpital de la Miséricorde pour le demy-lod de la maison du Corps qui relève de la directe.........	18.15
Pour délibération et réparations de ladite maison, frais de bureaux et autres petites dépenses.......	100 L.
Pour le service du jour de la feste de saint Louis...	30
Pour les honoraires de l'agent du Corps...........	50
Pour le salaire du clerc du Corps..................	72
Pour les frais de délibération prise par un notaire...	30
Pour l'huissier qui assiste aux quatre visites des sindics chez les Maîtres du Corps................	24
Pour frais de procès-verbaux aux contrev. et Conseils d'avocat, environ............................	150
Pour frais des procédures qu'on paye au procureur, environ..	150

Le compte-rendu financier est pompeusement intitulé : « Compte de la Régie et administration des Revenus et Impositions du Corps des Maîtres Perruquiers de la ville de Marseille que rendent le sieur Seris, sindic, et le sieur Clapier, trésorier, par devant nous Jean-François Billon, écuyer, ancien procureur du roi, etc., suivant la lettre de M. le premier président et intendant. »

Un article est rejeté, un autre est réduit.

Les Perruquiers en appelèrent à leur protecteur né le sieur de la Martinière, premier Chirurgien du Roy.

Le 28 octobre 1755 ils reçurent une lettre de son secrétaire dattée du 18 octobre. Elle servait de réponse à celle qui contenait les représentations faites à M. de la Martinière.

Celui-ci avait adressé ses représentations à M. de Latour en le suppliant de suspendre temporairement toute poursuite contre les Perruquiers jusqu'à ce que le ministre ait donné sa décision sur la reddition des comptes.

Cette décision fut sans nul doute favorable aux Perruquiers car le compte-rendu de 1756 a repris sa forme ordinaire et il n'est plus question des ordres de l'Intendant.

En 1776, au moment de la suppression des maîtrises, on releva les dettes des Corps d'arts et métiers (1). Les Perruquiers figurèrent pour la somme de 50.400 livres.

Date des emprunts	Titre en vertu duquel ils ont été faits	Taux de l'intérêt	Somme empruntée
23 oct. 1739	21 oct. 1739	au 4 p. 0/0	6.000
1 mars 1748	29 fév. 1748	»	28.000
22 mars 1760	22 fév. 1760	»	3.000
3 nov. 1760	3 nov. 1760	»	11.000
9 déc. 1674	24 nov. 1774	au 5 p. 0/0	24.120
			50.400

(1) Marseille. Dettes Corps d'arts et métiers, 1776. Cahier manuscrit, Arch. départem.

Les Perruquiers ne figurent pas cependant sur les Etats des Corps marchands et commerçants et corps de métiers établis à Marseille pour indiquer soit les droits de réception, soit les sommes données au Roi. Les apoticaires, les orphèvres et les perruquiers ne figuraient pas sur la liste générale des professions d'arts et métiers.

Je tiens en terminant à remercier M. Blancard, archiviste en chef du département, M. Reynaud, archiviste de la Préfecture, M. Fournier, sous-archiviste, et M. Rimbaud, de l'obligeance extrême qu'ils ont bien voulu mettre à faciliter mes recherches.

TABLE DES MATIÈRES

CHAPITRE II

LES BARBIERS

Marseille.— Imprimerie Marseillaise, rue Sainte, 39.

Marseille. — Imprimerie Marseillaise, rue Sainte, 39.

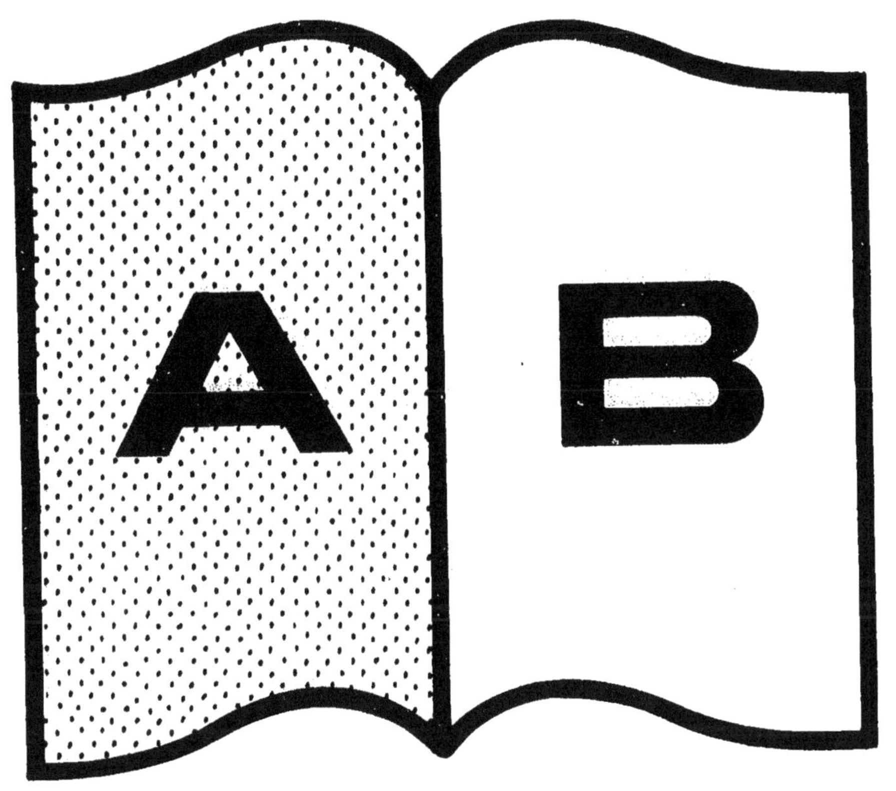

Contraste insuffisant

NF Z 43-120-14

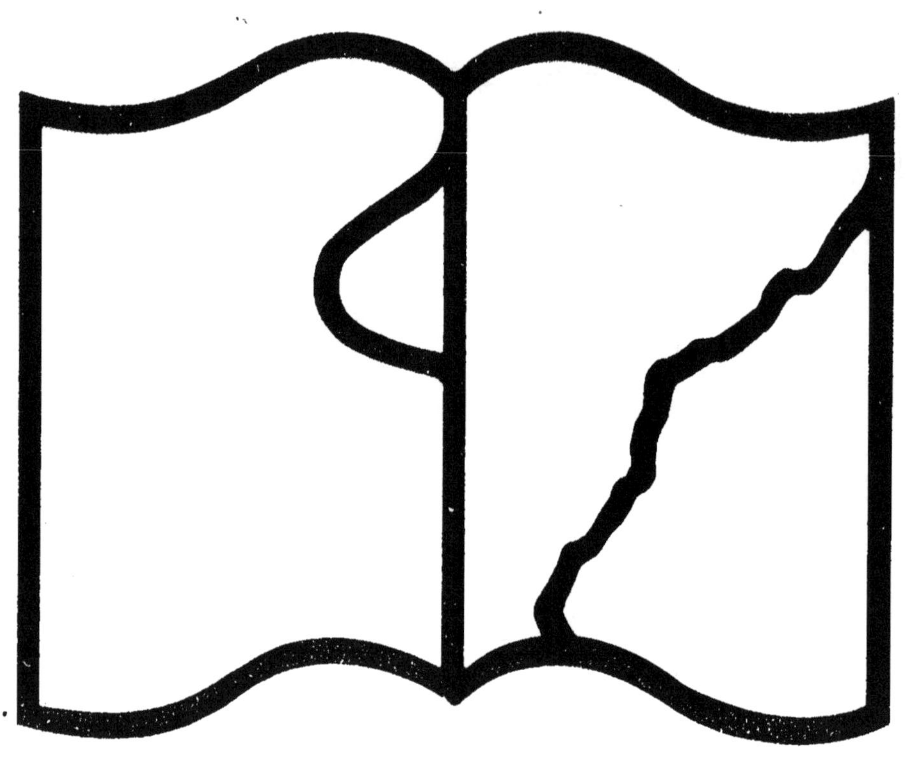

Texte détérioré — reliure défectueuse

NF Z 43-120-11

www.ingramcontent.com/pod-product-compliance
Ingram Content Group UK Ltd.
Pitfield, Milton Keynes, MK11 3LW, UK
UKHW020212250726
13967UKWH00003B/1424

9 782012 855816